トラック運送企業の働き方改革

人材と原資確保へのヒント

森田富士夫
MORITA Fujio

東京 白桃書房 神田

はじめに

２０１９年４月から働き方改革関連法が施行になった。

トラック運送業の場合、猶予期間が設けられている事項も多いが、年次有給休暇５日取得化については他業種と同様に４月１日から実施された。

最初に、働き方改革関連法でトラック運送事業に関連する項目の施行スケジュールを簡単に掲げると次のようになっている。

●時間外労働の上限規制の適用 （年720時間）＝一般則	大企業は2019年4月1日から 中小企業は2020年4月1日から
（年960時間）＝自動車運転業務	2024年4月1日から
●月60時間超の時間外割増50％	2023年4月1日から中小企業にも
●年休5日取得義務化	2019年4月1日から

長時間労働が常態化しているトラック運送業界においては、2019年は「働き方改革元年」である。働き方改革への対応は待ったなしだ。多くの事項で猶予期間があるとはいえ、今から取り組まなければ実現は厳しい。

このように、トラック運送業界の当面する最大の課題は働き方改革への対応である。働き方改革についての法的な内容の詳細などについては国土交通省や全日本トラック協会などの各種資料を参照されたい。また、就業規則や賃金体系など社内規定の見直しは、社会保険労務士などと進めていることだろう。これらは当然で必要なことである。

多くの事業者は就業規則や賃金体系をどうするか、という点に関心が集中しているものと思われる。だが、就業規則や賃金体系を改正すれば、それだけで働き方改革が実現できるわけではない。どんなに形を整えても、それが実行できなければ画餅に過ぎない。

では、実際に働き方改革を実現するには何が必要か。①生産性の向上、②人材の確保、そして③原資の確保である。

このうち生産性向上については拙著『トラック運送企業の生産性向上入門』(白桃書房・2017年1月)で述べた。基本的な発想や構造などは変わっていないのでご参照いただきたい。そこで当著では、生産性向上については直接的には取り上げないことにする。

まず第1部では、すでに働き方改革を進めている優れた事例を紹介する。一部の事業者は、以前から働き方改革を進めてきている。すでに長距離輸送のドライバーにおいても、1カ月の最大残業時間60時間を下回っている事業者もいる。また、進んでいる事業者（20人規模）では、1日の実労働時間が7時間で、月間20時間程度の残業。残業代を含まない年収平均が同県の全産業平均にほぼ等しいという例もある。それら働き方改革の先進的事例から多くのヒントを得ていただくようにしたい。

第2部では、働き方改革を実現するために必要な人材の確保について、具体的事例をもとに考えることにする。働き方改革の実現には生産性の向上が必要だが、それだけで増加した休日や短縮した労働時間を完全に穴埋めできるわけではない。したがって従業員を増やす必要がある。だが、どのように人材を確保するか、どのように定着率の向上を図るかは、働き方改革にかかわらず重要な課題だ。まして働き方改革を実現するには、人材の確保や定着率の向上は不可欠である。

第3部では、働き方改革に伴うコストアップ分を補う原資の確保について、具体的な事例から学ぶことにする。働き方改革を実現するためにはコストアップが避けられない。そのための原資をどのように確保するかが経営上の重要な課題であることは言うまでもない。この原資の確保には2つの方法がある。1つは生産性の向上だが、生産性向上については前掲の拙著を参考にしていただくことにして、当著では生産性については必要最小限しか触れない。そこで、原資を確保するためのもう1つの方法である運賃・料金単価の値上げや作業条件の改善交渉など、主に契約内容に関する成功事例を紹介する。２０１７年11月に施行になった改正標準貨物自動車運送約款などを有効に活かして成功している事業者のケーススタディである。

また、おおよその流れを掴み、読み進めればより理解を深められるだろうと、働き方改革のおおまかな手順を示した付録を巻頭・巻末に掲載している。各社各様の事例より自社の改革の方向性を見出し推し進める段階で、これらの付録を活用してほしい。

なお、今回紹介する事例事業者が多数にのぼるため、各部ごとにアルファベット+掲載されている部の番号を振って表記させて頂く。

いつものことだが、筆者は物流ジャーナリストという立場から、実際に自分が取材して得た素材によって当著を構成している。したがって論理的にみると不足している点や欠落している部分があるかもしれない。だが、ここで紹介するのは実際に行われている内容である。したがって、そこからヒントを得て応用すれば誰でもできるはずである。

働き方改革を実現するために、多少なりとも参考になれば幸いである。

2019年8月

もくじ

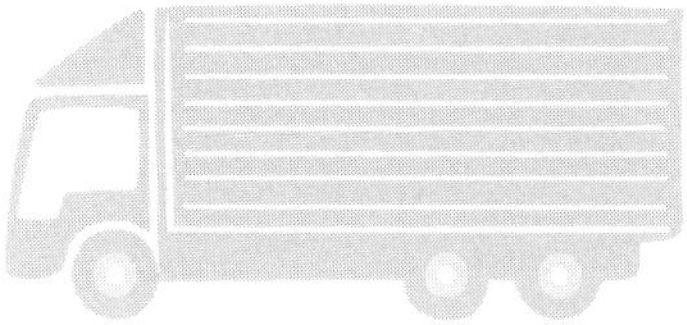

働き方改革実現への一般的な手順

ここに示したのは、あくまで働き方改革を進めるための基本的な流れである。すべての事業者がこのパターンに完璧にあてはまるものではないが、自社の改革を進めるための参考にして欲しい。

自社の現状把握	自社の労働時間や労働環境についてデータ分析や社員にヒアリングするなどして自社の現状を把握

↓

現状分析	例えば、労働時間の内訳ごとに必要な時間と無駄な時間を分析して原因と課題を抽出

↓

課題ごとに改善策をまとめる	「自社で改善が可能か」、「荷主との共同の取り組みが必要か」を検討し、改善できない部分は原価に参入する

↓

要望書を作成し取引先に提出	なぜ改善が必要なのか、自社の現状と要望が取引先に具体的に伝わるように文書化して提出

↓

取引先と交渉	荷主と共同の取り組みが必要な部分の改善への協議（運賃・料金の交渉を含む）。交渉の過程では機械的にならずに次善の策を出すなど、作業改善と運賃・料金の妥協案も提示

↓

契約継続合意か取引撤退か判断	満額回答ではなくても妥協できる範囲での改善や運賃・料金の改善が実現できるかどうかで判断

↓

契約継続の場合は契約書や合意事項等を文書化

第1部

働き方改革先進事例

労働時間は短縮できる!

第１部のポイント

すでに働き方改革をかなり進めている事業者がいる。第1部では、そのような進んだ事業者の事例を見ることにする。

労働時間、拘束時間をどのようにしたら短縮できるのか。1番悩んでいるのは長距離輸送の分野である。そこで最初に、乗り継ぎ輸送や中継輸送で労働時間を短縮した事業者の取り組みを紹介する。また、長距離輸送における時間短縮では、少数ではあるが労働基準監督署の指導を受けながら2マン輸送をしている事業者もいる。さらに、高速道路利用、モーダルシフト、中継輸送などを組み合わせて長距離ドライバーの労働時間短縮を実現している事例も紹介している。

一方、荷主に効率化提案をして生産性の向上を図るとともに労働時間を短縮した事業者や、取り扱い荷物を特化した中で労働環境を改善した事業者もいる。

働き方改革には荷主の協力も必要だ。そこで、荷主と協力して残業時間を大幅に短縮した事業者や、物流子会社に出資することで、事業者の経験を活かして現場の労働条件の改善などを進め、手待ち時間を平均30分程度にしてきた事業者もいる。

また、残業時間を短縮するとドライバーの賃金も減らさざるを得ない、という問題に直面している事業者も少なくないと思われる。そこで、社員の希望を調査して労働時間を短縮した事例や、運賃値上げなどの収入増に先行して賃金を上げて成功した事業者なども取り上げた。さらに、ドライバーが自主的に労働時間を短縮するような仕組や賃金体系を打ち出している事例も紹介している。

❶ 長距離輸送で労働時間を短縮

乗り継ぎ輸送で時短する

全国ネットを構築している事業者は別だが、中小規模の事業者は自社の立地条件を生かすことが重要だ。関東と関西のほぼ中間に位置するのが浜松。そこで地元のA1社は立地条件を活かして、自社のドライバー同士が乗り継ぐ中継輸送で労働時間短縮など、働き方改革を進めている。荷主にとっても取引事業者のコンプライアンスを前提にした運行なら、安心して委託することができる。

同社は、取材時点での保有車両数は約40台で、従業員数は40数人。

数年前と比較すると、この間、大型車の比率を高めてきた。その理由は、4t車の方が利益率が低いことと、地域特性かも知れないが大型車の方がドライバーが集まりやすかったからという。また、定期契約とスポットとの売上比率でも、定期の割合がやや増加して95％になっている。スポットの方が利益率が高いのでスポットをやりたくても、同社も傭車先も人がいないのでやれないからだ。

■浜松を中継地に自社ドライバーが乗り継ぐ長距離輸送で新たな市場開拓を推進

定期の仕事では、2次、3次の取引も含め地元の大手製造業の仕事が多い。

このような中でA1社では、FAXによるDM営業で成果を上げている。DMのコンセプトは次のように明確にしている。

1、緊急の荷物がターゲット…専属契約の運送事業者が緊急時に対応できず大変な思いをした荷主担当者の心裡に訴えるようにして、365日24時間対応の緊急便専門の事業者であることをアピール。

2、運賃料金の明確化…浜松市中区役所を起点に全国主要都市の市役所までの距離に基づいて算出した車種別の運賃表を提示。さらに自社から荷主（集荷場所）までの距離を加算する。距離はグーグル・マップによる最短距離。フェリーや橋通行料金、有料道路指定などは別途に実費精算。待機時間料金（積込み、荷卸し）は車種別に30分単位で表示。

3、受発注…緊急便専用電話はフリーダイヤルとし、配車担当者の顔写真とメッセージ、電話受付→受注→アフターフォロー（終了後の担当者への連絡）なども紹介。
4、緊急便を利用した荷主の担当者の顔写真と感謝の声も紹介。
5、初回お試し運賃は50％オフ。

ざっと以上のような内容である。

スポット狙いでも定期のオファーもあるという。これまで自家用トラックで納品などをしていたが、最近は人手不足で困っている荷主などである。

どの運送会社でも同様だろうが、同社では4t車は近場の仕事、大型車は長距離輸送をしている。このうち大型車の長距離輸送で新たな展開を始めたのが乗り継ぎ輸送だ。

同社では、三重県内と群馬県間の輸送をしている。だが、ドライバーの労働時間短縮といった大きな課題がある。そこで同社では、浜松に所在しているという立地条件を活かした輸送システムを導入した。三重～群馬ではなく、浜松でドライバーが交代することで、三重⇅浜松⇅群馬という運行にしたのである。

三重～浜松は往復で約8時間、浜松～群馬は往復で12～13時間に納めることができる。浜松～群馬は三重～浜松よりも距離が長いので、拘束時間が13時間というギリギリのところだが、どちらも1日運行が可能である。ドライバーは日帰りできることになる。このようなことから、高速道路のサービスエリアでドライバーが交代して乗務する仕組みを導入した。

新東名高速道路の浜松サービスエリアは、同社から5分ほどの所にある。高速道路から1度下りると通行料金が高くなるので、トラックは高速道路から下りずに、自社のドライバーがサービスエリア内で乗務を交代するという方式だ。

労働時間もクリアでき、コンプライアンスという面からも荷主は安心できる。浜松という立地条件を活かしたこの乗り継ぎ輸送は、同社の新しいサービスとして「売り」にできる。しかも、今後はますます労働時間規制が厳しくなってくるので、営業的には有利な状況にあると考えている。

そのようなことから同社では、千葉県の東京湾沿いから兵庫県の神戸間の輸送など、同社による乗り継ぎ輸送方式による輸送システムでの営業展開などをしている。荷主によっては関東〜中部〜関西といった荷動きもある。したがって、乗り継ぎ輸送方式を前面に出した輸送サービスの市場はかなりあるとみている。

中継輸送で時短する

山形県のB1社が岡山県のC1社とトレーラによる中継輸送をスタートしたのは、2012年秋だった。その後、中継輸送は順調に推移し、荷物量も増加したので、2017年1月からはトレーラをもう1セットずつ増車して1日2便体制にしている。

B1社は昔は冷凍・冷蔵の長距離輸送がメインだった。しかし、現在ではドライの荷物やコンビニの店舗配送、引っ越しサービス、トランクルームなど事業内容も多様化している。中部地区の支店も、当初は冷凍・冷蔵の長距離輸送で行ったトラックの帰り荷を確保するのが主たる目的で開設したが、現在ではコンプライアンスなどの関係から長距離輸送が少なくなったために、中部支店も帰り荷の取扱いから実運送にウェイトをシフトしてきた。

■大型車をトレーラにして輸送効率を上げ岡山県の事業者との中継輸送を導入

そのような中で地元山形に医薬品メーカーの工場が進出するという情報をキャッチした。この荷主は岡山に工場があって既存の取引事業者のC1社がいるが、山形に新設される新工場の輸送については新規取引ができるように営業交渉をしたのである。2011年のことである。すると、岡山と山形の工場間での横持ち輸送があることが分かった。当初は、大型車で山形から岡山に、また、岡山の事業者もやはり大型車で岡山から山形に運び、それぞれ帰り荷としても運ぶということだった。

そこでB1社は、大型車をセミトレーラにして輸送効率を向上し、同時に両社が1セットずつ保有して中間地点でヘッドを交換し、ドライバーとヘッドはIターンすることで労働時間を短縮する案を提案して採用された。当時は、まだ中継輸送に対する関心はあまり高くなかった。

その後、ドライバーの労働時間短縮が大きな課題になり、その対応策の1つとして中継輸送が注目されるようになってきた。そのような経緯からすると、かなり早くから中継輸送を導入したケースといえる。

荷物は医薬品関係で、荷姿はケースのパレット積み、冷蔵のセミトレーラである。

富山県の滑川がちょうど中間なので、同地の燃料スタンドと提携して中継基地とした。両社とも燃料を補給し、ドライバーは10時間の休息をとって戻ってくる。

中継輸送をしなければ片道13時間はかかる。中継輸送では午前中に積込んで昼1番に出発し、19時ごろには中継地点に着く。そこでトレーラとシャーシを交換し、休息など10時間の休みをとって翌朝に出発して午前中に帰るというパターンだ。そして翌日はドライバーが交代する。2人のドライバーの交代勤務で労働時間や拘束時間などの基準はクリアしている。

ドライバーが2人で交代乗務すれば労働時間は短くできる。また、それを賄える運賃が収受できているということでもある。

最初は大型車に1人乗務で岡山と相互に横持ち輸送するはずだった。それをセミトレーラにして中継輸送を導入したので、荷主も積載効率が上がった。それに車両（トレーラヘッド）の回転率も高いので、収益性が良いのである。

■ 責任を持って届けきる体制整備に中継輸送システムもビルトイン

都内のゲーム機器メーカー系の実運送会社D1社も中継輸送システムの導入を進めている。

同社は、メーカー系のグループに軸足を置きつつ、グループ商品の波動を緩和するために、自社のノウハウが活かせる分野での外販化を進めており、取材時点でのグループ外の売上比率は40％強である。もちろん、グループの荷物をベースに、自社のノウハウが活かせるグループ外の荷物を組み合わせることが基本になっている。

グループの商品は12月がピークで、1～3月がボトムになる。あるいは、グループの商品の中には4月下旬～5月上旬にかけての大型連休や、学校が長期の休みにはいる夏休み前などに動くものもある。それに対して、グループ外の荷物には4月がピークだったり、また、5月～9月の荷動きが多い飲料などもある。

同社は、本社の他に北海道から沖縄まで国内に営業所と物流センターがある。さらに国内で商品を生産している工場と、海外で生産した商品も国内に運んでくる。

これらの拠点とトラック輸送をいかに効率よく組み合わせるかが重要だ。たとえばボリュームのある商品の場合には、東京港と神戸港に揚げる。時には福岡港に揚げることもある。新商品はボリューム的には少ないが、DC（Distribution Center：保管型センター）に入れる。

これらの荷物を効率よく国内にデリバリーするわけだが、同社では幹線輸送、エリア配送とも責任を持って届けきるためのネットワークをどのように整備するかという課題に取り組んでいる。その1つが幹線輸送における中継輸送だ。

中継輸送に力を入れる背景には、長距離輸送のドライバー不足なども ある。協力会社もドライバーの確保が難しくなってきているため、確実なのは自社ドライバーによる輸送だが、それには労働条件の改善が必要だ。

同社は、トレーラではかなり以前から中継輸送をしているケースがあった。社内だけではなく異なる事業者間でもトレーラ方式なら比較的容易だからである。それに対して、単車でドライバーが交代する中継輸送はどうか。

同社は北九州でも多くの荷物を抱えているが、東京や大阪からの荷物が原則的に多く、上りの荷が少ないというのが実態である。だが、大阪~福岡でも2日運行になってしまう。これを日帰り運行にするには中継輸送方式を導入するしかない。

■荷物・トラック・ドライバーの多様な組み合わせで労働条件改善

そこで、関西~九州間中継輸送は、広島を中継基地にした。福岡から出発したドライバーと、大阪から出発したドライバーが広島の中継基地でトラックを乗り換え、それぞれ出発地点に帰る。これにより日帰り運行が可能になった。この大阪~福岡の中継輸送の場合、大阪出発のトラックでみると、広島着の荷物を広島に少しだけ下ろし、同時に広島発で福岡行きの少しの荷物を積み足して福岡に行く、といったケースもある。

さらに2016年7月から始めたのは、中継基地を川崎にした栃木~静岡での中継輸送である。静岡の工場からは栃木にある工場に部材を運んでいる。一方、栃木の工場からは静岡の工場に成形品を帰り荷として運んでいた。栃木には車両を配属していなかったので、静岡のドライバーは1泊して2日運行になっていたのである。

そこで栃木でも最低保有台数の5台の車両を持つようにして、両方からトラックを出発するようにした。そして、川崎でドライバーが交代して中継する方式にしたのである。

さらに大阪~川崎の中継輸送では、中継基地を浜松にした。川崎から出発したドライバーは、大阪から出発したドライバーと浜松で乗務する車両を交代し、それぞれの出発地点に戻る。

これにより、福岡~(広島中継)~大阪~(浜松中継)~川崎という中継輸送が可能になった。さらにD1社では、この中継輸送システムを東西に延長して、最終的には花巻~熊本にまで拡大する考えだ(取材時点)。

その背景には、ドライバーの労働条件の改善を進め、幹線輸送ドライバーの確保が重要課題になっているからだ。中継輸送はそのための方策の1つという位置づけである。

2マン運行で時短する

最近は労働時間の短縮が求められ、地方のトラック運送事業者はその対応に苦慮している。

フェリー利用や中継輸送システムの導入などを進めている事業者もいるが、中には長距離輸送から撤退して中距離、近距離輸送に移行する事業者もいる。

このような傾向の中で、逆に長距離輸送にシフトするような戦略に転換したのは佐賀県のE1社だ。県内の事業者が中距離、近距離輸送にシフトする中で、逆転の発想で十数年前から長距離輸送へのシフトを図ったのである。理由は、需給関係から運賃も相対的には良かったから、という。

同社の長距離輸送における特徴は2マン運行である。2マン運行は30数年前から行っており、以前は佐賀～中部でも2マンだったが、現在では採算面などから佐賀～中部は1マン運行にした。佐賀～首都圏は現在でも2マンで運行し安全の徹底を図っている。

なお、2マン運行について書くと、必ず問い合わせがくるのが「1人が運転しているときに、もう1人が寝ていても法律上は『休息』にはならない」という点についてである。その通りで、法律上では休息ではないが、E1社も後に紹介するF1社も労働基準監督署の指導を得ながら2マン運行を行っていることをお断りしておく*。

E1社の運輸事業部の営業所は本社営業所、鹿島（佐賀県）営業所、佐賀営業所の3カ所。取材時点での保有車両数は約80台（トレーラのシャーシを含む）、ドライバー数も約80人で、車両1台につきドライバーは1・2人で考えているという。

営業内容はトラック輸送（近距離、長距離）、引っ越し、荷造り・梱包、倉庫、JRコンテナ（汎用・通風・冷凍・冷蔵）、海上コンテナなどである。

取扱荷物は米、麦、玉ねぎ、肥料、農業資材などJAがらみの農業関係の荷物が多い。だが、リーマンショック以降は荷主の分散化を進めてきた。その結果、農産物、工業製品、雑貨などとバランスのとれた取り扱いになってきている。

同社のトラック輸送で特徴的なのは佐賀〜首都圏の長距離輸送を2マン運行にしていることである。瀬戸内海のフェリー利用も選択肢としてはあるが、現在のところ陸送を主にしている。また、発時間が遅れた場合には着時間を変えてもらう、といったこともしているという。

同社では佐賀〜首都圏の長距離輸送は2マン運行によって安全管理を徹底しているが、運賃などの面から採算的にはどうなのだろうか。

2マン運行で車両の稼働効率を上げて運賃収入を増やすオペレーション

E1社が運行している佐賀〜首都圏の長距離輸送は、大手事業者の拠点間輸送の仕事である。同社が2マンで運行しているのは安全を第一に考えているからだ。とはいえ採算が取れなければ事業として成り立たない。この点については、2マンで車両の稼働効率を高めて運賃収入を増やして黒字にしているという。車両の回転率を高めることで運賃収入を増やすというオペレーションだ。

取材時点で、佐賀〜首都圏を毎日走行しているのは上り2台と下り2台を合わせた4台の車両である。2人乗務なので、1人が休息している時間でももう1人のドライバーが運転を続けられる。また、1人が休息中ではダメだが、そうでない時間帯なら1人のドライバーが連続ハンドル時間に達して休憩しても、もう1人と交代すればトラックは走り続けることが可能だ。

このようにして佐賀~首都圏の所要時間を片道17~18時間にしている。なお、首都圏では取引先の施設で休息もとる。1マン乗務では休憩、休息など法令を順守すると5日運行だが、2マン乗務なら法令を順守し、安全の徹底を図っても3日運行にできる。

さらに、2マン運行で帰ってきた車両に、他のドライバーたちが乗務して走る。そのため2マン運行の車両は年間の走行距離が30万kmを超えるという。

このように車両の稼働効率（とくに車両回転率）を上げることで運賃収入を増やし、1カ月単位で収支を黒字にしているようだ。車両のオペレーションによる生産性の向上である。

労働時間に関しても、2マンの勤務ローテーションによって基準の時間をクリアし、所定内労働時間に収まっているという。1車1人ではなかなか休みが取れないが、2マンなら休みが取れるからだ。そこで同社の2マン運行には同業者からの関心も高いようで視察の申し込みもあるという。

だが、2マンで長距離トラックに乗務するドライバーの側はどうなのだろうか。通常の長距離運行では車内で休息をとるために、着替えなども車内に持ち込む。そのため、同じトラックに他のドライバーと交代して乗務することを嫌う傾向が強い。単車同士による中継輸送のネックも、そのようなメンタルな部分にある。

そこで同社では様ざまな工夫と努力をしている。その1つが常に洗車をするようにしていることだ。次に乗務するドライバーのために、洗剤で運転席も掃除する。

また、同乗するドライバー同士の性格なども大きな要素だ。タバコなどもお互いに車外で吸うようにしているという。会社側もハイルーフで空間の高い車両を導入して、圧迫感を少なくするなど、車両などにも気配りをしている。

2マン運行を前提に未経験者を採用、定年再雇用者も戦力に

E1社では採用面接時に2マンを前提にし、運送業界の未経験者を採用している。2マン運行に関しては、経験者よりも未経験者の方が「このようなもの」と受け止めやすいようだ。また、応募者にとっては給料がそこそこで、休みも取れる点が良いようである。

新規採用者に対しては、2マン運行で長距離の感覚をつかませるようにしている。新人は半年から1年で1人前にする方針で、2マン運行では親子ぐらいの年齢差の組み合わせもあり、2マンで教育するという考えかただ。また、2マンなら定年後に再雇用した高齢者でも、乗務回数を減らせば戦力になる。

新人の実地教育についてみると近場では1週間から10日は助手席に乗せ、その後、1カ月程度は本人に運転させて添乗指導。次に、広島などへの中距離輸送で教育し、関東への2マンに

よる長距離輸送となる。

同社のドライバーの給料は、原則は月給制である。この月給に走行距離1km当たりの手当というのが基本である。1km当たりの手当てが深夜や残業代を含む単価にしてあるので、1km当たり手当×走行距離で残業代などをクリアしているという。

荷物によって運賃収入が違うので、会社としては1運行当たりの利益が違ってくるが、運賃による歩合的な給与体系にはしていない。

なお、同社では長距離ドライバーを含めて、すでに月残業時間が60時間を切っている。

同社の長距離輸送における2マン運行は採算性などの面からも興味深い。

■幹線と集配料金を別にした積合せ長距離便・埼玉~九州の2マン運行

E1社と同様に埼玉のF1社も埼玉~九州間で2マン運行を行っている。

同社の創業者は大分県の出身なので、九州へのこだわりがあったようだ。本社のほかに、日高市、狭山市、所沢市に営業所や車庫などを持ち、、中部では亀山市、九州では行橋市と古賀市にも営業所がある。

事業内容は一般貨物輸送のほかに、物流業務請負(保管・荷役・包装・流通加工など)、EC物流業務請負、倉庫業、環境サービスなどである。このうち運送事業では定期便、スポット便、ルート配送などがある。その中には創業当時からの埼玉~九州の長距離輸送もある。取材時の保有車両数は約190台で、大型車が保有車両の半分強を占めるが、大型車の中では25tの増トン車の台数が多い。従業員数は約220人である。

同社では、労働時間の問題などからチャーターで長距離を走るのは難しくなってくるし、また、運賃水準の問題もあるので、2マンによる首都圏~九州の積合せを考えた。

このシステムを考えるようになったのは10年近く前だが、実際にサービスをスタートさせたのは5年前からだ。

2マンによる埼玉~九州の輸送システム概要は図表1のようになっている。

ここからも分かるように、幹線輸送と集配に大別でき、幹線輸送部分が2マン運行となっている。集配車両は朝8時ぐらいから14時ぐらいまで配送ならびに集荷をする。配送方面別および荷物量によって大型車、4t車、2t車を待機させておいて幹線輸送車両が到着するのを待つ。

埼玉の集配からみると、配送する上りの荷物の状況によって所沢をメインにして着けるか狭山に着けるかをその都度、判断しているようだ。また、群馬県は上りの荷物の配送の量が多いという。

一方、九州の集配は福岡、佐賀、長崎、熊本、鹿児島方面と、大分、宮崎方面に大別している。基本的には前者の荷物は古賀営業所に着け、後者の荷物は行橋営業所に着ける。中には、古賀に着けてから行橋に横持ちするようなケースもあるという。ただし、鹿児島、宮崎向けの

図表1　F1社の2マンによる埼玉〜九州の輸送システム

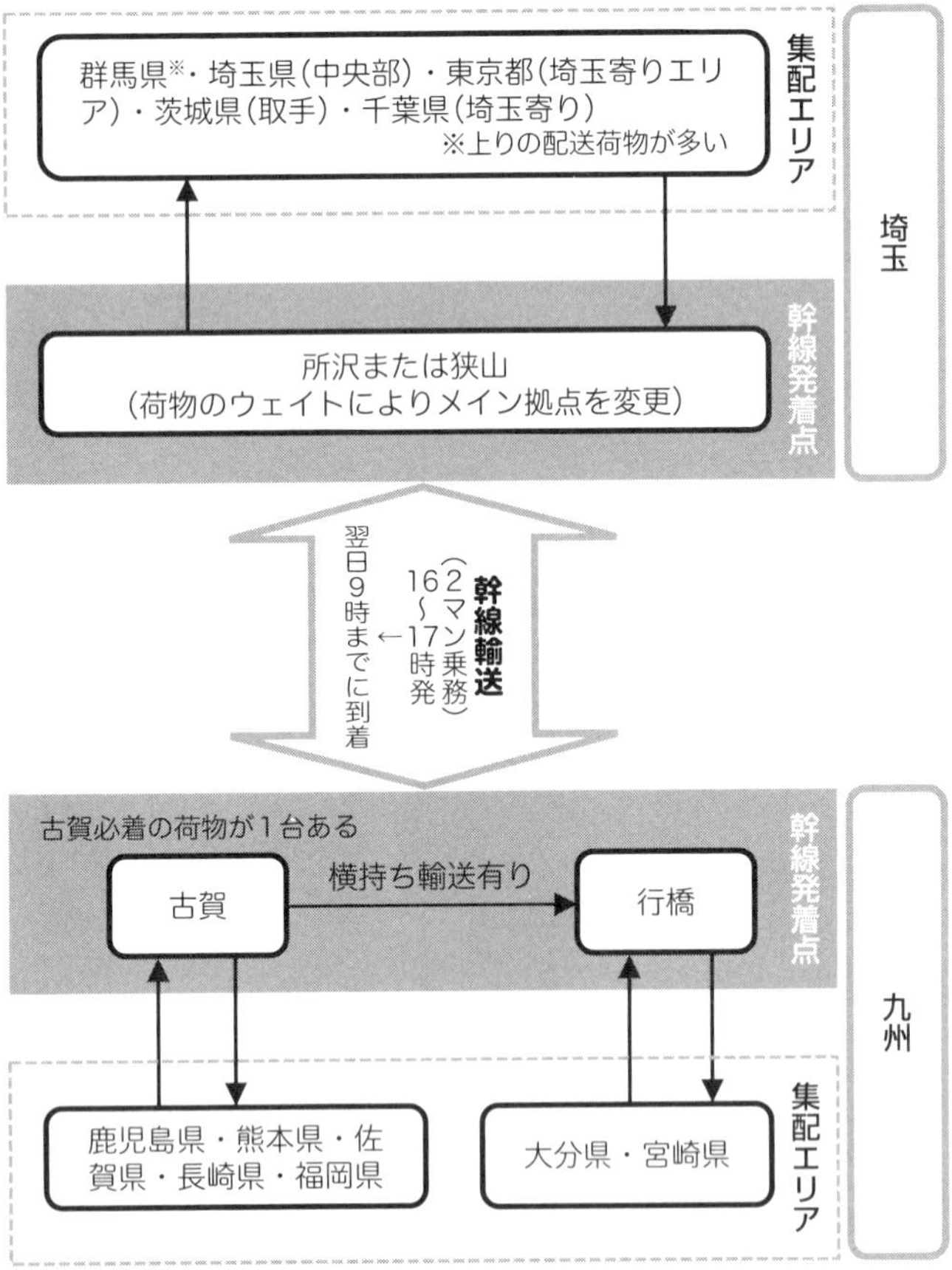

荷物は翌々日の配送になる。さらに離島などでは配達不能な地域もある。

なお、古賀に着けなければならない1台分の荷物があり、4t車3台が待機している。

集荷オーダーの受付時間は午前中のみで、集荷時間は16時までである。基本的には配送車両が集荷をするような形だ。

幹線の2マン運行は取材時点では、平均12、13台の車両でラウンドしている。

■幹線運賃と集配料金は別で、車両や手積みか否かなどで基準料金＋α

F1社では、幹線輸送の運賃は基本的にはサイズないしは重量の大きい方を適用して料金を決めている。この幹線運賃については、働き方改革への対応などもあって2018年4月から値上げした。集配料金は基本料金があり、そこに集荷車両の大きさ、手積みか否かなどでプラスαがある。プラス料金はマニュアル化しているが、アナログな部分があることも否定できないという。

このように同社の2マン運行便は、埼玉～九州をノンストップで短時間に運ぶリードタイムの短さも魅力の1つだが、パレット単位の荷物なら1パレットの運賃も荷主にとっては割安感がある。一方、積載率を高めれば事業者にとっても良い運賃収入になる。

ただ大きな課題は、九州向けの下りの積合せ荷物が上りの荷物に対して少ないことだ。上りと下りの荷物をイーブンにしないと車両の稼働効率が落ちてしまう。そこで九州向けの下りの荷物は、チャーター契約の荷物を積んだりして車両の積載率を上げているのが現状のようだ。

そこで下りの積合せ荷物の開拓が大きな課題となっている。たとえば翌日納品ではなく、1週間以内の納品でも良いという荷物も取り込んで、積載状況を調整したりしている。

ところで、2マン運行では交代で運転するだけではなく、1運行の期間は大部分の時間を2人で過ごすことになる。さらに車両の回転を上げるためには、帰社するとすぐに他の2人がそのトラックに乗務することになる。このような課題をどのようにクリアしているのだろうか。

乗務の組み合わせでは、長い時間一緒にいると感情的な問題も生じて喧嘩などになるといけないので、早い組では3カ月でメンバーを代え、最長でも半年に1回は組み合わせを変えている。

また、気持ち良く他人が乗務できるような環境整備に努めている。たとえば、駐車場には駐車する1台ごとのスペースに洗車のためのホースを1本ずつ備えている。さらに同社では、車内の維持状態などについても写真でビジュアルなマニュアルにしている。

また、2マン乗務のドライバーに関しては九州でしか雇用していない。九州の運送会社で働いている大型車の長距離ドライバーにとって、首都圏間の運行では週に1回しか自宅に帰れないのが「常識」になっている。だが、同社の2マン運行なら首都圏への長距離輸送でも、週に2回は帰ることができる。長距離輸送を望むドライバーにとっては、これが魅力のようだ。このようなことから2マンを希望するドライバーが、社内の1マン乗務からの異動や、他社に勤務しているドライバーも含めて予約があり、何人かが待機しているという。

これは2マンのドライバーだけではなく、誰でも利用するものだが、新しいセンターの仮眠室はベッドではなく、3畳の部屋で個人専用の布団が用意してある。シャワー室はもちろんだが、洗濯機も女性専用と男性専用を分けており、女性が使いやすいようにしている。同社の女性ドライバーは取材時点では長距離が1人、地場が7人であった。なお、休憩室などではWi-Fi環境も整えている。

運送手段を組み合わせて月80時間はクリア

いうまでもなくドライバーの労働時間短縮にどのように取り組むかは各社の条件の違いによって異なってくる。どのような事業展開をしているかで、それに応じた取り組みが必要になる。

福岡県のG1社は利用運送と倉庫業で、実運送は地元と大阪、埼玉県にある関連会社3社が行うという体制である。実運送を担っている大阪の会社は10t車を主に保有して長距離輸送中心の事業。地元九州の会社は2t車を中心に共同配送や定期配送を行っている。また、埼玉の会社は、神奈川にも営業所を持ち大型車と2t車を保有して長距離輸送や共同配送を行っている。

このようにG1社のグループは九州、関西、関東に拠点を持ち、①九州~関西~首都圏間で積合せによる幹線の定期便輸送、②各地の拠点発の貸切長距離便、③幹線輸送で拠点に運び保管などをして拠点からの2次配送。このような3つのパターンを基本的なビジネスモデルにしている。このうち、とくに労働時間短縮が課題になっているのは①と②だ。

同社では、まず最初は300㎞以上の輸送で、全線高速道路を利用するようにした。次に、モーダルシフトを導入し、新門司港～大阪南港でフェリーを利用するようにした。さらに自社の拠点を活かした中継輸送に着手して、現在では長距離輸送のドライバーも時間外労働は月最大80時間以下になっている。

■高速利用ではそれほどのコスト増にはならず、フェリー利用ではコスト増に

G1社の家具の地元配送では、佐賀、大牟田、熊本などの店舗への共同配送もしている。また、大阪や関東に幹線輸送し、関東で家具を共同配送している。大阪の家具配送は少なく、大阪ではコンビニの雑貨配送が主になっている。

九州からの上りの主たる荷物は家具と自動車のタイヤで、関東からの下りの荷物の多くは家電製品である。家電製品については、栃木県の宇都宮から九州、静岡県の袋井から九州、兵庫県の尼崎から九州という幹線輸送がある。この幹線輸送の車両は九州から家具やタイヤなどを帰り荷として運んでくるというオペレーションだ。

同社の場合には下りの荷物は家電製品などを主に、1カ所積みの1カ所降ろしが多い。また、下りの荷物では細かな荷物の積合せはなかなか上手くいかないので、せいぜい4t車2台分の

荷物の組み合わせぐらいまでしかやらない。

このような事業展開の中で、長距離輸送におけるドライバーの労働時間短縮は大きな課題だった。この課題を解決するために同社では様ざまな取り組みを段階的に実施してきた。

まず最初に実施したのが３００㎞以上の輸送では、全線で高速道路を利用するという取り組みだった。３００㎞以上を高速道路利用にしたのは２００９年９月からである。これによって年末などでは月５００時間もあった拘束時間が、３００時間台にまで短縮することができた。

さらに時間短縮を進めるために同社が取り入れたのはモーダルシフトである。２０１６年４月から、新門司港～大阪南港の航路を利用するようにした。なお、このモーダルシフトに関しては、物流効率化法の認定を受けることができた。

従来は九州～大阪まで山陽高速自動車道を走っていた。九州～関東では、19時に九州を出発して翌日の21時ごろに関東着という運行である。途中の休息時間を除いても、18時間（休憩を含む）かかっていたことになる。それに対して新門司港～大阪南港をフェリーにすると、乗船時間は約12時間で、労働時間は７時間半ぐらい減ることになる。

同社では以前は12月など月５００時間も拘束時間があったが、高速道路利用で３００時間台にまで短縮し、さらにフェリー利用で労働時間を月２３０～２４０時間にし、残業時間も80時間に近づけることができた。だが、フェリー利用をもっと増やそうとしても、現実にはなかなか難しい。大手事業者がフェリーのスペースの枠を押さえているため、中小事業者はなかなか入れないという実態があるからだ。

その後、大分港～清水港のＲＯＲＯ定期航路が週６便体制になり、日曜日を除く週６日は、これまでの隔日からデイリーになった。大分港と清水港の航行時間は20時間だ。だが、一番大きな問題はフェリーではなくＲＯＲＯ船という制約があることだ。フェリーとは違って旅客定員が12名なので、有人の大型トラックではドライバーが乗船できない可能性がある。一方、トレーラシャーシを無人航送する場合でも、大分港と清水港に事業所をおいてドライバーとヘッドを配置しなければならない。このような制約から中小事業者には利用できない。

ところでG1社では、３００km以上を全線高速道路利用にし、新門司港～大阪南港航路のフェリー利用で拘束時間や労働時間の短縮を図ったが、労働時間短縮の実施でコストがどのくらい増加したのか。意外にも、高速利用にしたことに伴うコスト増はそれほどではなかったという。理由は、一般道を走るよりも燃費が良くなり燃料代が減ったことと、修理代なども減少したからである。しかし、フェリー利用ではコストが増加した。フェリーは１回片道で１万円のコスト増となり、年間では１８００万円ぐらいコストが増えてしまった。

■様ざまな中継輸送やフェリー航送などの組み合わせで労働時間短縮

G1社は２０１５年度に国土交通省が行った中継輸送の実証実験に参加し、同社が中心になって仲間の事業者と中継輸送を試みた。この時は「中継」というよりもリレー方式の複雑な試みだった。言うなれば、「駅伝輸送」である。このような実証実験の経験も踏まえて、同社ではまず自社グループ内での中継輸送を仕組みとして導入したのである。

大阪（東大阪）を中継基地に神奈川（平塚）と福岡（柳川）間で中継輸送をすることで労働時間の短縮を図るというものである。この場合は新門司港～大阪南港間のフェリーは使わず、すべて道路輸送で行う。

この東大阪を中継基地にした柳川～平塚間での中継輸送には2つのパターンがある。1つは平塚から乗務のドライバーは東大阪からIターンし、同じように柳川から乗務したドライバーも東大阪でIターンするというもの。もう1つは、柳川から乗務したドライバーは東大阪でIターンするが、そのトラックには東大阪のドライバーが乗務して平塚に向かうというもの。平塚に来た東大阪のドライバーは、今度は平塚から東大阪まで乗務するというパターンになる。

なぜ柳川～平塚なのかというと、大阪から埼玉までの乗務にすると、労働時間が2、3時間オーバーしてしまう。そこで、まず平塚～柳川で中継輸送を導入する。一方、埼玉から九州ではフェリー航送を組み込んだ形にしている。だが、さらに同社では、柳川～東大阪間での中継輸送、東大阪～平塚間での中継輸送などもあり得るとしている。

給与体系も変えなければならなくなる。中継拠点が両方の発地からちょうど中間の距離というわけではないからだ。お互いにIターンするにしても、片方のドライバーの方が走行距離が長く、もう1人は短くなるとしよう。すると歩合などが違ってくるため、プラスαをつけなければならない、といった問題が出てくるからだ。

いずれにしてもG1社では、今後も引き続き様ざまな方法を導入して長距離ドライバーの労働時間短縮を推進していき、4泊5日の運行を2泊3日にし、さらに最終的には1泊2日まで短縮したいと考えている。

＊トラック運転者の「改善基準」で2人乗務における拘束時間と休息期間の特例＝運転者が同時に1台の自動車に2人以上乗務する場合で、車内に身体を伸ばして休息できる設備がある場合に限り、1日の最大拘束時間を20時間まで延長できる。また、休息期間を4時間まで短縮できる。

❷ 効率化と生産性向上

労働環境改善の前提は物流効率化と生産性向上

取引先の物流効率化を通して、自社の従業員の労働時間短縮や定着率の向上を実現した事業者がいる。山形県のH1社は、2012年からアンケートやヒアリングによる社員満足度調査を始め、社員満足度（ES）の向上に努めてきた。ES調査は定期的に行い、その結果も踏まえて勤務形態の多様化、評価制度の導入、委員会活動、部門別会計など様ざまな取り組みを進めている。

それら一連の取り組みを可能にしている原資の確保、つまり事業展開は、①「運ばせない物流」の仕組みを提案して、大型車を4台から3台に減らして労働時間を短縮し、定着率を向上させたケース、②小型車両による遠方拠点からの直接配送から、大型車によってTC（Transfer Center：通過型センター）に幹線輸送し、TCから混載配送することで労働時間を短縮したケース、その他がある。

同社は、運送業の他に産業廃棄物収集運搬、特定人材派遣業などを行っている。本社の他に、仙台営業所、岩手営業所があり、従業員数は取材時点で約200人（パート・アルバイト含む）、保有車両数は100台弱の規模である。

■長距離輸送による数カ所直接配送をやめ、ストックポイント導入で車両台数削減

H1社における最初の労働環境改善のケースは、地元から大型増トン車（25ｔ車）4台で長距離輸送し、茨城、埼玉、東京などの複数の納品先へ荷物を届けながら最終納品先に行き、東京から帰り荷を積んで帰ってくるという運行形態を再検討し、ストックポイントを設けることで車両を3台に減らし、突発オーダーにも対応できて荷主の販売機会喪失を少なくした物流効率化による事例である。

H1社の取引先の1つに食品関係のメーカーがある。同社は地元のセンターからこの荷主の製品を首都圏などに大型増トン車（25ｔ車）4台で運んでいた（図表2）。第1便は14時の出発で山形道から磐越道、常磐道を通り、茨城県内の4、5カ所に納品しながら首都高を使って東京の最終納品先に行く。出発時の積載率はほぼ100％で、東京からは帰り荷を積んで帰るという運行である。

第2便は15時出発で、山形道、東北道を通って埼玉県内の3、4カ所の納品先に納品し、首

図表２　物流効率化前の運行形態

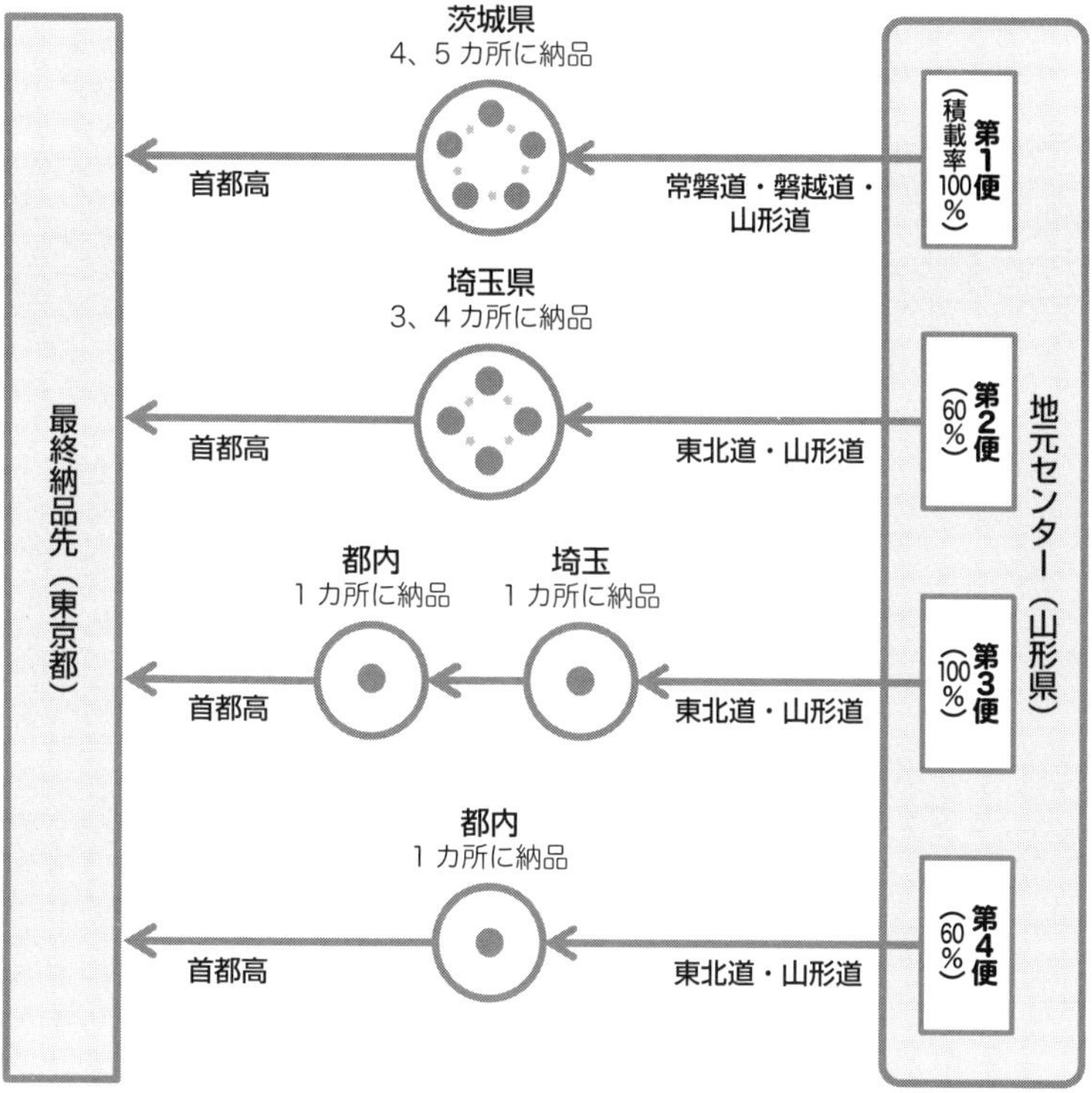

最終納品先まで 12〜13 時間かかっており、
納品時に待機時間があると、さらに長時間になっていた

都高を使って東京の最終納品先に行く。この第2便の平均積載率は60％と低い。

第3便は15時30分の出発で、山形道から東北道で埼玉と都内の納品先、各1カ所に納品して首都高を経て東京の最終納品先に着く。第3便は出発時の積載率がほぼ100％であった。

第4便は17時の出発で、山形道から東北道を走って東京の納品先1カ所に納品してから最終納品先に行く。この便も出発時の平均積載率は60％程度である。

このような運行では、発地から最終納品先までの距離と時間が長く、流動的なオーダー（荷主の販売先と荷主の受発注）に対応するために積載率が低下傾向にあった。また、突発的なオーダーや発送ミスなどによる臨時車両の手配が高コストになっていた。

同社のドライバーの労働時間も、最終納品先まで12時間から13時間と長く、途中の納品先で待機時間などがあるとさらに長時間になってしまう。また、大型増トン車による複数カ所納品は作業も大変だった。

そこで提案して採用された新運行形態では、トラックを1台減らして3台（3便）とした（図表3）。また、千葉県船橋市の事業者と提携してストックポイントを設けた。

第1便は最終納品先までの直行便で1カ所卸しとした。直行便なので、その分だけ労働時間も短縮できる。また、途中でも納品する作業の軽減を図った。

第2便は調整便である。ストックポイントによって荷卸しや一部積み替えをして、さらに最終納品先に行く。第3便はセンター配送便で、ストックポイントに直行する。定番商品などは

図表３　ストックポイント導入後の運行形態

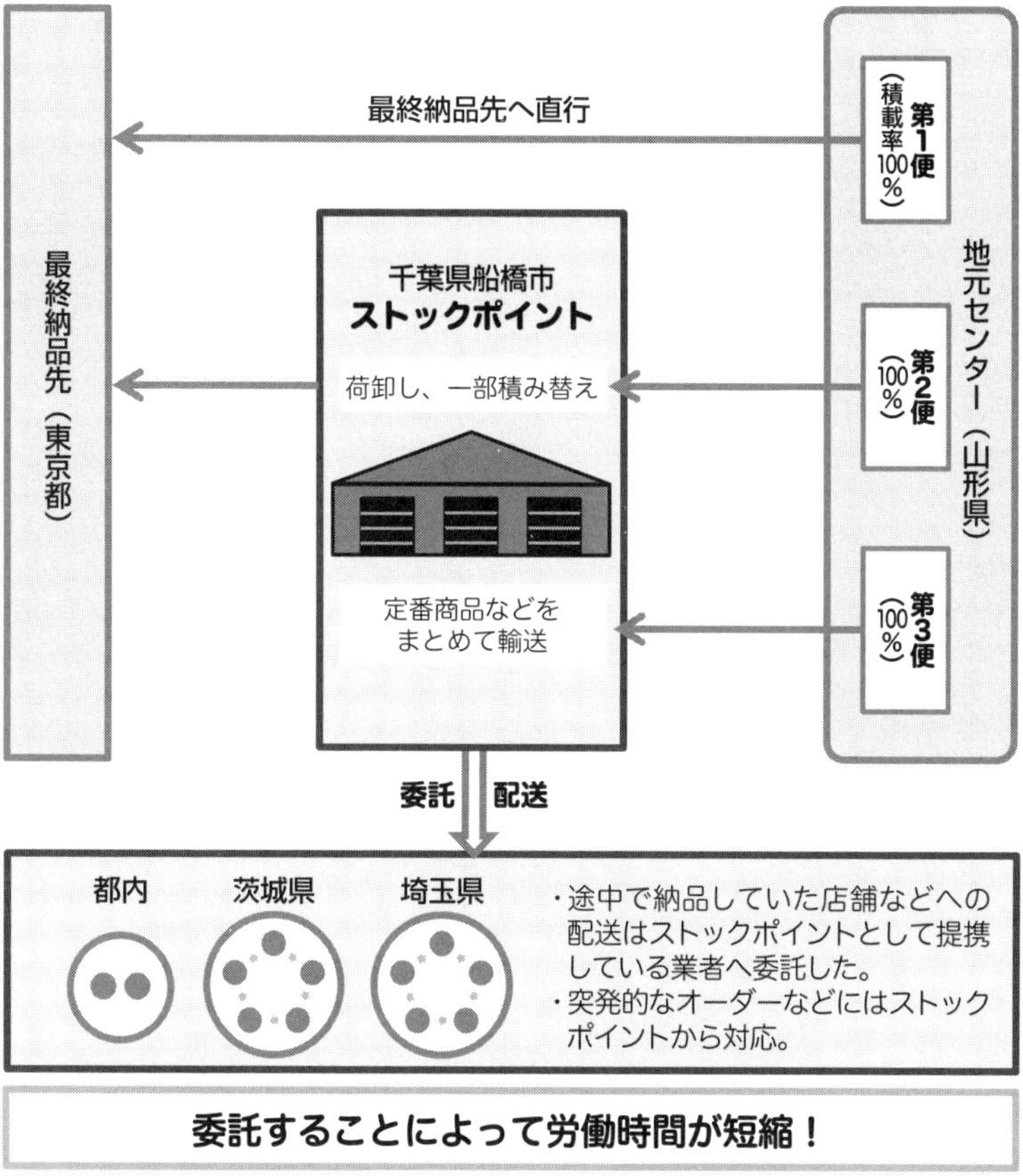

まとめてストックポイントに輸送し、輸送効率を向上する。
ストックポイントとして提携しているのはチルド商品の積合せ配送などをしている事業者で、在庫管理からピッキング、他の荷主の商品との混載による配送を委託している。委託事業者による混載での配送先は、茨城、埼玉など、従来はH1社のドライバーが途中で納品をしていた店舗などである。

運賃収入だけみると年間3000万円の減収だが労働時間を大幅短縮

このストックポイントの導入によって、緊急オーダーなどへの対応も格段に速くなる。従来は緊急オーダーが入っても山形からの対応では、早くても6~8時間かかっていた。当然、コストも大きかった。

しかし、船橋のストックポイントからでは、1~2時間で対応できる。それによって荷主の販売機会喪失を少なくすることができる。

さらに、このような運行形態の変更だけではなく、H1社では携帯端末とデータセンターを活用したシステムも提案した。このシステムを簡単に説明すると、携帯端末を活用して荷主の経営幹部、生産工場、荷主の営業担当者、同社、センター運営事業者（ストックポイント）が情報を共有できるようにする、というもので、概要を見ると、①調達・生産・物流・販売活動に必要なデータの自動集計と分析（購買管理・生産管理・在庫管理）、②原材料・製品在庫のデータベース化による計画生産と物流改善、③センター管理に必要なデータの自動集計による管理工数の削減、④積込み時の数量に対する責任の明確化や発時間・着時間の報告など、である。

実は、このシステム導入には荷主の抵抗があったという。荷主は、取引関係者だけとはいえデータ開示よる情報漏洩のリスクを危惧したようだ。新フローではストックポイントの業者も新たに加わることになる。当事者が増えると一般的に情報漏洩などのリスクも大きくなるが、とくにチルド商品の混載配送事業者だけにデータ開示を躊躇したものと思われる。

そこでH1社では、IT経営支援のコンサル会社を加えて第三者によるチェック機能を強化することを提案し、新システムに移行することができた。

新しく移行したシステムではトラックによるCO_2排出量も削減される。改良トンキロ法による試算では、大型増トン車4台で山形から東京に運行していた当時は、1・249tのCO_2排出量だった。新しい運行形態では、幹線輸送の3便で0・943t、配送車両3台で0・170t、合わせて1・113tである。

だが、大型増トン車が4台から3台になったのだから単純に考えると運送事業者にとっては運賃収入の減少になる。運賃は車建てだったので、年間で約3000万円の減収になったという。だが、荷主の販売機会喪失も減るので、ゲインシェアリングして運賃ベースをアップしたのである。船橋の事業者との契約はH1社なので、直接の支払いは同社という形になるが、センターフィーは荷主が負担する。

実は、このシステムを企画するに当たっては、ドライバーからの提案なども参考にしているという。その結果、納品までに従来は12～13時間かかっていて待機時間などが発生するとさらに拘束時間が長くなっていた労働時間が、システム導入により大幅に短縮されてドライバーの定着率も向上した。

■仙台からの県内への直接配送から山形に横持ちして混載配送に転換

また、もう1つのケースでは、それまで仙台から専用配送車に商品を積んで、山形県内の店舗に納品していた直接配送を山形まで幹線横持ちにして、同社の混載配送車で配送する仕組みに転換した。

いうまでもなく仙台は東北地方の物流ハブが多くある。H1社の取引先である雑貨や化粧品のメーカーも仙台拠点が東北のハブ機能を担っている。

H1社はこの取引先と4t車6台をチャーター契約していた。もちろん、仙台まで空車で引取りに行くわけではないが、この取引先の仕事は仙台の拠点から商品を積んで、山形県内の納品先に配送する、というものだった。この荷主の商品だけを配送する専用配送車両のため積載率が低く配送効率も劣る。それに仙台から山形県内への直接配送ではドライバーの労働時間も長くなる。

このようなことから同社では、仙台の拠点から山形市内の自社のセンターまでは大型車で横持ち輸送して、センターからは他の荷主の荷物と混載配送するという提案をした。従来の4t車6台はチャーター契約だったが、荷主の仙台拠点から自社の山形センターまで横持ち輸送する大型車は車建て運賃とし、センターからの混載配送は個建て運賃にする、という提案だった。

新しいシステムでは、21時に仙台の荷主拠点に大型車が入り、幹線輸送して山形の自社センターでは翌日6時から仕分け作業を開始。8時から配送を始め、内陸エリアの店舗には8～13時に納品、新庄エリアは9～14時に納品、置賜エリアは9～14時に納品というタイムスケジュールだ。混載配送で個建て運賃なので荷主にとってはコスト削減が図れる。

従来は配送車両が6台だったが、専用配送なので積載率ならびに配送効率は劣った。転換後は他社の配送貨物との積合せなので積載率や配送効率は向上する。しかし、混載する荷物量が増えたため、既存の配送車両だけでは対応できず、H1社では県内配送の車両を2台増やした。それでも、極めて単純な計算になるが配送車両4台の削減である。

また、仙台からの幹線輸送と県内配送を分離したので、ドライバーの労働時間の短縮にもなっている。コンプライアンスは社員満足度を高め、人材確保にもつながってくる。

さらに同社は、幹線輸送と配送の分離による労働時間の短縮という点で、2次輸送の委託を埼玉県の事業者と提携して実施している。以前は大型車で関東まで幹線輸送し、関東圏内で何カ所かの着荷主に納品していた。納品のための待機時間などもあるために、関東圏での納品だけで4～5時間もかかっていたのである。そこで、自社では幹線輸送だけにし、その先は提携先に委託して配送してもらう。このように仕組みは簡単で、これだけでも単純計算でドライバーは4～5時間の労働時間短縮になった。

取扱荷物を特化し効率化と労働環境改善を図る

北海道で鉄鋼製品に特化した独自の事業展開をしているI1社の、働き方改革と生産性向上への様ざまな取り組みの事例をみよう。

まず営業的には物流改善で荷主の物流効率化と自社の売上げアップを図る。そのため物流改善とも関連してモーダルシフトを推進するとともに、輸送の効率化を進め、また、営業エリアも北海道以外に関東、東北などに拡大してきた。

その結果、以前は北海道内の売上げが90％だったが、現在（取材時点）では道内が60％、関東30％、東北（仙台）10％といった比率になってきた。事業内容も昔はトラック輸送と土木工事を行っていたが現在では工事からは撤退し、古くからの得意分野である鉄の物流に特化して、効率化提案と包括的な業務受託、運送面ではトラック輸送だけではなくモーダルシフトを推進してきた。

同社では事業分野をトランスポート（トラック輸送）、モーダルシフト（鉄道、フェリー）、

3PL、その他に区分しているが、取材時点での事業分野別売上構成は、売上高約14億円のうち、トランスポート約55%、モーダルシフト20%、3PL20%、その他5%となっている。

3PLは苫小牧でスタートし浦安で大きく展開さらに仙台でも

I1社が3PLをスタートしたのは苫小牧からである。荷主（鉄鋼商社）とメーカー、エンドユーザーの間を効率的に結び付けるために、物流の核になる荷主（鉄鋼商社）の物流センターに入って作業・管理・輸送をトータルで受託し、「アイアン・ロジスティクス・トータルサポート・システム」を提供するようにした。

この苫小牧における実績から、浦安（千葉県）での本格的な展開につながった。実は関東には以前から営業所があったのだが採算が悪く、関東からは撤退寸前だったという。トラック輸送のみの営業所だったために採算が悪かったのである。

そこで浦安の荷主の構内に営業所を移転した。それを機に3PL事業部門の売り上げが大きく増加してきた。だが、トラック運送だけの時に在籍していた30人の従業員のうち、事業内容の大きな転換に伴って残ったのは12人だった。最悪の場合には1人も残らないかも知れないという覚悟でいたが、逆に12人も残ってくれた、と発想を転換した。そこで当初は8人ほど北海道から出向して業務に当たった。

同社の3PLは、基本的にはセンター施設などのハードは荷主、センター内運営のソフトが同社という形にしている。

荷主の物流センターにおいては、同社の管理部門（情報の一元管理、安全・品質・労務管理）、作業部門（入出荷・輸送積込み）、輸送部門（運送集約・運送会社への運送依頼）が相互に連携しながら、入荷依頼から商品入荷、商品配達までをスムースに効率的に行う。また、物流センターでは物流改善会議などを開いて、一方的な時間指定などに対して、納入時間の調整なども行い、実運送会社の負担軽減などにも努めている。

ドライバーの労働時間短縮では、たとえば1日の作業が1回目の積込み・納品、2回目の積込みだったのを、予備シャーシの投入と庫内作業員が積込み対応することによって、30％の時間削減を実現したケースもある。以前は運転時間が6時間、待機時間が2時間、作業時間が3時間、休憩時間が1時間の計12時間だったが、改善後は運転時間4時間、待機時間1時間、作業時間2時間、休憩時間1時間の計8時間である。

同社ではさらに仙台にも営業所を開設した。東日本大震災の後、当初は北海道から仙台に鉄などを運んでいた。だが、仙台に拠点があった方が良いということで、地元の事業者とタイアップし、被災地特例措置を活用して進出したのである。最初はトラック輸送だけでの進出である。

このようにI1社では新規の開拓に当たって入り口にはこだわっていない。最初はトラック輸送から入っても構わない。だが、最終的にはトータルで仕事を請けるようにしている。収益率の差が大きいからである。

■コンテナやシャーシなどハード面でも様ざまな工夫をしてモーダルシフト推進

I1社の取材時点での保有車両数は、トラック、ヘッド、シャーシなど計約90台。従業員は約120人で、うちドライバーは40人である。

関東と仙台間では中継輸送も試みている。また、女性ドライバーや高齢ドライバーでも安心してシート掛けができるように、ジャバラ式の特殊なシャーシの導入もしている。女性ドライバーは今後、積極的に採用していく方針だ。

長尺物や異形貨物では輸送効率が劣るケースが多い。そのような中で同社は、全国の同業者とのアライアンスによって、長尺物や異形貨物の混載便も行っている。北海道は同社が担当し、各地のアライアンスメンバーと全国をカバーしている。

モーダルシフトへの取り組みも積極的に進めている。その1つが幹線の鉄道輸送をさらに効率化する特殊20フィートコンテナの開発、導入である。この特殊20フィートコンテナの積載重量は10tで、鉄を鉄道輸送することを前提に開発したものである。同コンテナを10基鉄道輸送すれば、10t積載車なら10台分、ドライバー10人分に相当する。

この特殊20フィートコンテナは長さ6mの鉄製品などが積載できる。重さは10tまでが積載可能である。鉄などを積み下ろしするためにはクレーンなどが必要だが、この特殊コンテナは上部の蓋がない無蓋コンテナのため、クレーンによる荷役が可能である。また、左右と後ろの

3方向のアオリが開く構造になっているため、フォークリフトでの積み込み、積み下ろしも可能になっている。

つまり重量物や長尺物の荷役が、クレーンやフォークリフトで安全にでき、さらに荷崩れ防止のために固縛がしっかりできるようにしてある。鉄などの重量物や長尺物を鉄道で幹線輸送するための、モーダルシフト推進の特殊コンテナである。

フェリーへのモーダルシフトにも力を入れている。鉄道輸送用に無蓋の特殊20フィートコンテナを開発、導入したのは2015年だが、翌2016年にはフェリー専用の28t積載の特殊増トンシャーシを開発、導入した。フェリー輸送では、20t積載のシャーシが一般的である。そこで同社は輸送効率をより高めるために、28t積載の特殊増トンシャーシを投入することにしたのだ。

同社の試算では、関東~北海道で一般的な20t積載のシャーシによるトレーラ輸送と比べて、運送会社側では1車両当たりの運賃が10%アップになり、荷主側からすると1t当たりの運賃が20%ダウンになる。

さらに、同じ条件で単純計算すると、80tの鋼材を運ぶのに20t積載のシャーシでは4台が必要だが、28t積載の特殊増トンシャーシなら3台ですむ。海上での無人航送区間は別として、港の両端における陸上輸送では前者はドライバーが4人必要だが、後者なら3人で良いことになる。

❸ 荷主との協力した取り組み

荷主に提案して残業時間を短縮

ドライバーを募集してもなかなか若い人が応募してこないと嘆く事業者は多い。ところが中小運送会社のJ1社ではドライバーの約3分の1が22歳、23歳と、若手ドライバーに恵まれている（取材時点）。これには様ざまな理由があるが、中でもとりわけ大きな要素としては残業時間の短縮に取り組んできたことである。その結果、２０１７年7月時点で直前4カ月平均の月間残業時間が60時間を超えるドライバーは14人中の２人しかいなくなった。このようにコンプライアンス面でも大きく前進させ、さらに原資の確保として運賃契約も独自の形態に変えて採算性を向上させた。

■配送コース削減などの提案と同時に1社だけ独自の運賃契約を実現

J1社の本社は東京都内だが、ここで紹介するのは千葉県内にある事業所についてである。当該事業所の取引先は菓子問屋で、営業エリアは関東1都6県（東京・埼玉・千葉・神奈川・茨城・栃木・群馬）である。

物流センターは荷主が管理・運営していて出荷作業なども荷主の側で雇用した人たちが行っている。同社以外にも運送事業者が2社契約しているが、同社が一番多く仕事を受託しており、配送を担当しているのは東京23区と三多摩、それに千葉、茨城、神奈川、埼玉の一部地域である。その他、ロットの少ない遠方の地域は、荷主が特積み事業者と直接契約して発送している。

この荷主と同社の取引が始まったのは2014年7月からで、最初は1台からのスタートだった。だが、3社のうちの1社が撤退し、取引事業者は2社になってしまった。その後、新たに1社が加わり3社体制に戻っている。それに伴って、同社の取引車両は、1台から7台まで増え、そこで2015年3月に当該荷主専用の事業所を開設した。さらにその後、増車して取材時点では稼働している車両が12台と予備車が1台となっている。従業員は所長を含めて16人で、そのうちの14人がドライバーである。

専用営業所の開設時に、当時21歳のドライバーが入ってきた。そのドライバーが仲間を呼ぶ形で若い人たちが比較的簡単に集まった。会社側も2tショートのドライバン車（総重量5t

未満）を導入して、中型免許がなくても当時の普通免許で乗務できるようにしている。

しかし、最初は大変だった。通常は朝5時から配送に出発するが、翌日配送分の荷物の積込作業が16時から始まるからだ。コースによっては午後の早い時間に帰ってきて休憩をとるが、16時からの積込では拘束時間が長い。

この荷主が委託している事業者は同社を含めて3社だが、これは社内規定で「1社購買」を禁じているからである。他の2社が契約している車両は僅かで同社が圧倒的に多い。商品の配送先はスーパーの店舗納品がメインになっている。それから大会社や大きなマンションの中にある売店にも納品している。もちろん、スーパーの物流センターへの納品もあるし、事務用品などを宅配販売している会社の物流センターへの納品もある。商品によっては出荷量に季節的な変動もある。

そこで改善策としてデータに基づいて物量の変化などを把握し、地域や曜日によってムダな走りをしないように荷主に提案してきた。毎日納品から月水金あるいは火木土の隔日納品にするなどの提案である。そのような改善もあって配送コースを削減したために、14台から1台減車し、さらに1台は予備車に回すといった形になったのである。

だが一方では、独自の運賃を提案して運賃契約も変えてきた。最初の運賃契約は売り上げの何%という契約だったが、残業もかなり多かったので採算が取れなかった。そこで物量の少ないコースを減らして稼働車両を2台少なくした時に（1台は予備車に回した）、%契約から車建て契約への変更を実現したのである。

車建てといっても、変則的な車建て契約である。基本は車建てだが、距離によって遠いコースと短いコースでは単価の設定が違う。また、車建ての基本単価を基準にして、上限と下限の幅を設定する。売上が多い日には基準運賃よりも高くし（上限設定）、売上が少ない日には安くする（下限設定）、という変則的な車建て契約だ。

簡単にいうと、①輸送距離（遠いか近いか）で幅を持たせて車建て運賃の基準金額を決め、さらに②売上（運んだ商品の金額が高いか安いか）でも幅を持たせる、という運賃体系である。具体的な金額は割愛するが、上限金額、下限金額ともなるほどと思える金額設定になっている。

同社では、このようなフレキシブル車建て運賃とでもいうべき契約を締結して、残業代支払いなどを含めて採算が取れるようにした。なお、他の2社は%契約のままで、契約を改定したのは同社だけである。

■センター作業を協力して翌日配送分の積込み開始時間を早め残業時間を短縮

大きな課題は長時間の残業だった。コンプライアンスの問題もあるので、会社としては残業時間の短縮が必須だったのである。

そこでJ1社は、残業時間を短縮するためにドライバーを1人増員し、配送コース再編などで毎日12台の稼働でも可能にした。取材時点ではドライバーが1人多い体制になっており、完全週休2日制を実施し、さらに有給休暇の消化もできるようにしている。

ちなみに残業時間も、2016年6月と2017年7月を単純比較すると全体で640時間を短縮できた。そのため、取材時点で残業が月60時間を超えるドライバーは2人しかいない。

では、どのようにして残業時間短縮を実現したのだろうか。

まず1つは、出発時間を遅らせたことである。先に朝5時に出発と書いたが、中には4時30分ぐらいに出発するコースもあった。毎日配送から隔日配送などに変更する際に荷主から納品先に話をしてもらったが、荷主の了解を得て着時間などについては事業者が納品先と直接交渉して了解を得るようにしたのである。その結果、出発時間を1時間遅らせたコースもあり、全体平均でも30分ほど出発を遅くすることができた。

もう1つは翌日分の荷物の積込時間を早めたことである。先述のように翌日の荷物は16時から積込んでいた。この荷主は自社で雇用した人たちがセンター作業をしているが、特積み事業者に委託している荷物の出荷準備作業を先に行い、その後、作業の人たちが食事や休憩をとってからコース配送の荷物の出荷作業に取り掛かっていた。

そこで、早く帰ってきたドライバーがセンター作業を手伝うようにしたのである。取材時点では無料で手伝っているが、翌日の運賃の変動部分に、前日の作業量が反映されるという解釈もできる。

いずれにしてもドライバーは拘束時間が短くなって早く帰れるようになった。一方、センタト内作業をしている女性のパート従業員は水曜日と木曜日に休む人が多かった。週の半ばに休みたいということなのだろうが、この休みも月～土の間で平準化するようにしてもらった。

このようにして残業時間を大幅に短縮したが、それに伴ってドライバーの残業代が少なくなった。だが、２ｔ車（総重量５ｔ未満）に乗務している22歳、23歳のドライバーの手取り給料（残業代含む）を確認したところ、大卒初任給の支給総額（額面金額）よりも20～25％ほど高い金額になっている（筆者の試算による）。現に働いている若いドライバーたちは、残業代が減っても給料が良いから辞めないといっているという。これも運賃の契約を変則車建てに変えた結果と思われる。

事業者も物流子会社に出資

当該荷主の仕事が90％以上を占めているドライバーの、１カ月平均の総拘束時間が２２３時間20分（２０１７年６月時点）というケースがある。

これは運送事業者K1社の４カ月間のデジタコデータを集計した数値だ。なかにはデジタコの操作ミスが一部含まれている可能性もあるが、うちわけは運転時間が１３９時間36分、積込時間が17時間53分、荷卸時間が16時間27分、待機時間２時間33分という結果であった。

ここからも分かるように、業界の実態を踏まえると現状でもかなり良い状態にある。

荷主はコンクリート製品のメーカーで、道路を隔てて第1工場、第2工場、そこから約2㎞離れたところに第3工場があって製品を製造している。それぞれの工場の構内に製品置場があって、コンクリート製品と附帯品を出荷している。

一方、K1社は中堅規模の企業の当地の支店で、荷主の工場から数キロ離れたところに所在している。取材時点での同支店のドライバーは35人で、そのうちの7人が当該荷主の仕事をほぼ専属的（90％以上）に行っている。

当該荷主の仕事は大型車ならびにトレーラで、輸送地域は関東1都7県を主に、スポット的には長野、新潟、宮城、福島に行くこともある。納品先は着荷主の資材センターと、建設現場に大別される。

このうち資材センターへの納品では、納品先での待機時間はほとんどない。現場納品では、現場の作業の進捗状況などによって長時間待機の場合もある。だが、指定時間に到着したのに待機時間が2時間以上発生した場合には、荷主が納品先の施工業者に交渉して運送事業者に待機料を支払わせている。なお、延着の場合には、不可抗力な原因ならペナルティなどはない契約だ。

この荷主と直接取引している事業者は7社で、各協力会社とも傭車は少ない（協力会社7社で傭車先は3、4社）。K1社も協力会社7社の中の1社で、構内作業などにも従業員を派遣しており、構内横持ち輸送や積込作業なども行っている。

物流子会社と協力会社という関係と物流子会社への出資者という関係

この荷主には物流子会社があり、K1社は物流子会社の設立時に資本（30％）参加している。物流子会社の業務範囲は、工場建屋内ならびに屋外（構内）の出荷作業担当班、協力会社7社への出荷手配、出荷指示（積込みは作業班が行う）、などである。

したがって、取材したK1社は、物流子会社への出資者という立場でもあり、協力会社7社中の1社という立場でもある。

荷主と事業者間の取引上の関係で特筆すべきなのは、先述の納品先での2時間を超える待機時間に対する待機料と、もう1つは高速料金である。高速料金については特に決めてはいないが、遠方への納品で、帰社してその日のうちに翌日の荷物を積込むような配車の場合には事業者側が荷主に高速料金を請求している。

また、ユニック車の方が運賃を高く設定してある。これについて荷主側は、納品先でドライバーがユニックで荷卸しするので、その作業料を含んだ運賃としている。それに対して事業者側は、作業料ではなく車両が違うので運賃に差があると、双方の解釈に違いがある。だが、いずれにしてもユニック車は運賃が高めに設定されている。

このような中で、物流子会社に30％の出資をしているK1社のドライバーの労働時間などは、先に記した通り1カ月の1人平均の総拘束時間が223時間20分。トラック運送業界の現状からするとかなり良い。

だが、この拘束時間は、同社1社だけのデータであり、デジタコの操作ミスが部分的に含まれている可能性も否定できない。デジタコのデータは、走行距離（総走行・一般道・高速道・実車・空車）、時間管理（拘束・運転・一般道・高速道・積込・荷降・待機・休憩・休息・点検・他作業・給油・停車・アイドル）に分けて稼働実態を集計したものである。

平均値とは別に個別データで拘束時間や待機時間のワーストをみると、拘束時間のワーストでも293時間35分が最高だ。デジタコのデータと日報を照合すると、これはデジタコの操作ミスの可能性が高かった。また、待機時間のワーストでも最高が56時間20分で、同じく操作ミスの可能性もある。とはいえ、この荷主と事業者の場合には、業界の現状からすると全体平均の拘束時間がかなり短い。

では、ここに至るまでに、どのような取り組みをしてきたのだろうか。その分析から時間短縮へのヒントが得られるものと思う。

■事業者の現場経験を活かして労働時間短縮などを推進した稀有な事例

まず、ある製品の受付・出荷作業に関しては、約20年前には、どの物件の工事がいつから始まって、トラックがどのくらい必要なのかが分からなかった。何をどれだけ納品するか、オーダーが当日に入る状態だったようである。工事が始まれば大体の予測がつくが、工事が始まる時が車両手配などで混乱したのである。また、事前の車種指定も、実際に現場に行くと狭くて入れないといった状況もあった。

このため配車が大変だったが、車両やドライバーに余裕があったので事業者も対応できた。また、労働時間なども現在のように厳しくなかった。そのため朝、現場に納品に行ったら夕方まで待たされたようなこともあったという。明日の朝の納品といった場合でも、夜中に積んで納品場所まで行き、朝まで車で待機させるようなこともあった。だが、その当時でも半日以上の待機を目安にして、荷主営業が納品先と交渉して、事業者には待機料を払っていたという。

このような中で、昔から改善などを事業者側から提案してきた。当時は荷主の物流部門が出荷手配などをしていたが、大きな転換点になったのは物流子会社の設立だった。その際に、K1社も物流子会社に30％出資した。

物流子会社ができて出資した同社も加わり、作業員も派遣するようになったことで、出荷などの流れが事業者側にも分かるようになった。そこで事業者の経験や知恵が活かせるようになってきたことが、その後の待機時間の短縮などにつながっている。

徐々に改善されてきたのは具体的に以下のような点である。①荷主の営業窓口→工場の物流部門（物流子会社）→事業者も加わり現場で様ざまな工夫ができるようになった。②物流子会社ができる以前は、工場からの出荷は午後からだった。しかし、物流子会社ができて午前中からの出荷ができるようにしたので、待機時間が短くなってきた。③出荷頻度の高い製品は、門型クレーンの移動距離が短いところに仮置きしてもらうことで、積込時間の短縮を図るようにした。④少量多品種の出荷でも、荷役作業などが効率的になるように工夫して積合せする。たとえば製品A12本、製品B9本、製品C3本を3台のトラックで運ぶ場合、以前は1台目にA4本、B3本、C1本、2台目、3台目のトラックにも同じように積んでいた。しかし、同じ日に同じ納品先に運ぶなら、1台目にはAを8本積み、2台目にはA4本とB4本、3台目にはB5本とC3本を積んで運んでも良い。その方が積込みも荷卸しも作業が効率化できる。

このように物流子会社に事業者も資本参加し、作業員も派遣するようになったことで、車両手配や荷役などに事業者の経験が活かせるようになり、積込み時の待機時間の短縮などが進んできたのである。

❹ 給料体系と労働時間短縮

社員希望を調べて労働時間短縮

荷主ニーズへの対応が自社の従業員の犠牲の上に成り立ってはいないか？　作業条件や待遇に不満を持っている社員に、顧客を喜ばせるような仕事ができるのだろうか？　そうではない。社員満足度を向上することが、本当の意味で荷主満足度の向上につながる。

このような観点から、2015年1月より就業規定を変更し、休日数の変更、労働時間の見直し、給与規定の変更などを実施したのは山形県のL1社だ。労働時間を無視しても高収入を得たいというような社員よりも、労働条件がキチンとした会社で働きたいという社員の会社にした方が良いという認識で、労働条件の改善に踏み切ったのである。

■他業界は月給制が当たり前…当業界は周りがそうだからではダメと決断

L1社は、本社の他に県内に2営業所があり、仙台にも営業所がある。取材時点での保有車両数は約90台、社員数約160人（パートを含む）である。

売上構成は、食品関係60％、紙関係20％、雑貨その他が20％だ。食品は3温度帯で、仙台から山形までの幹線輸送（引取り）、山形のセンターからは県内全域の店舗配送が主になっている。紙関係では山形県内の内陸部の印刷会社や工場への配送。仙台営業所からは宮城県内、福島県の一部地域、岩手県の一部地域への配送を行っている。

このような中で、ドライバー不足の影響を受けるようになってきた。労働時間短縮にも努めてきたが、時間外労働時間が50時間を切ると手取り賃金が減少してしまう。それでなくてもドライバー不足の中で、辞めていく社員が出てきたのである。とくに長距離部門では1年間で5、6人が辞めていったこともある。給料などで展望が見えないというのが主たる理由だった。

顧客満足度を満たすために、労働時間その他の面で社員にシワ寄せがいっているからだ。逆にいえば、社員の労働条件を犠牲にして顧客満足度が満たされていることになる。そこで社員満足度を高めなければいけない、という考えに至ったのである。

同社の社長は問屋で営業経験もある。その当時は月給制が当り前と思っていたが、運輸業に入って驚いたのは、ほとんどが歩合制賃金だったことだという。そこで以前から抜本的な改革が必要だと感じていた。安定した給与で、将来性も明確に示し、労働条件を含めて社員満足度を上げるには、どうしたら良いか。

だが、そのような思いとは別に、周りが皆そうだからと着手せずにきてしまっていた。しかし、周りがどうかではなく自社で着手しなければ前に進めないと決断したのである。

一方、業界の一部には改善基準告示など軽視して、長時間労働で手取りを増やすような賃金形態もあり、そのような会社に移っていくドライバーがいることも事実だ。労働条件の改善に着手すると辞めていくドライバーが出てくることも想定しなければならない。そこで従業員の意識を調査した結果、法令順守などを重視した会社を望む人たちが多かった。一部のドライバーが辞めていっても、労働条件がキチンとしている会社を望むような社員だけにした方が良いと考えた。給与も平等から公平に、という見直しである。

このような認識から就業規定の変更、休日数の増加、完全月給制の導入、評価制度の導入などを2015年1月から実施したのである。

■年間休日数の増加や所定時間の見直し、完全月給制の導入などを実施

L1社が実施した給与体系など一連の変更は以下の通りである。

まず、変更の目的では、①分かりやすく理解できる給与体系にする、②業務や勤続を考慮して不公平感をなくす、③定期昇給の概念を導入する、④日給月給から安定した完全月給にして生活基盤の強化を図る、⑤個人別の業務評価を実施して給与（賞与）に反映する。

基本的な考え方としては、不公平や不満のないように「がんばった人」「よくやってくれた

人」「貢献度の大きい人」に対して、給与原資からより多く配分する、というもの。

規則のグレーゾーンをなくし、規則は社員が守るものであるが、同時に社員が守られるものでもある、ということを理解してもらえるように表現なども分かりやすくした。

主な変更点は以下のようである（2015年1月時点）。

年間休日数	93日→105日に変更	休日数が93日以外の人は現状通り
所定労働時間	7時間40分→8時間	
給与支払い方法	日給月給→完全月給制	日給月給の人は全員が月給に
評価制度	なし→導入（半期ごと）	全社員対象（契約・パートを除く）
通勤手当	出勤日数×単価→月額固定	月間15日以下の出勤は出勤日数×単価

なお、新給与体系への変更は、現在の給与を下回らない、誰にでも分かる給与体系、勤続年数（1年に1回の定期昇給）、評価制度の導入を柱にした。

● 基本給
- 年齢給
- 評価給…S・A・B・C・Dの5ランク。

●職能給…大型車運転・普通車運転・庫内作業・事務作業・営業販売。実際に乗務することで、免許を持っているだけでは該当しない。
●勤続給…定期昇給＝毎年1月1日に丸1年経過すると加算。
●調整給…現状の給与を下回らないための経過措置で個別設定。
●手当
●役職手当…主任・係長など役職別に設定。
●時間外手当…8時間以上の勤務に30分単位で支給。
●深夜勤務手当…深夜勤務に支給。
●休日出勤手当…休日設定日の出勤に支給。
●資格手当…運行管理者・整備管理者として届出者に支給。
●通勤手当…前記の通り。

このうち評価給のベースとなる評価制度は、自己申告→直属上司→経営者という段階で評価項目のチェックシートに基づいて評価・採点する。例として一般（ドライバー職）の人事考査用主要項目を列記したのがこの評価表（図表4）である。

前記の評価給でSは180点以上、Aは160〜179点、Bは100〜159点、Cは80〜99点、Dは80点未満となっている。この評価は半期ごとに行い、半期評価はボーナスに反映、

図表4　人事考査のための主要項目

評価表

対象者名：

内容	考課要素	考課の着眼点	評価点数
成果	努力		
態度	規律性		
	責任感		
	協調性		
	積極性		
能力	知識		
	処理能力		
	理解力		
	想像力		
仕事の質	仕事の質		
特別加点※			
総合評価			

※特別加点…表彰されたり抜群の貢献がみられた際などに加点

担当者：

年間評価は給与に反映する仕組みにしている。

■社員を守るための労働条件の改善には荷主との交渉も不可欠

労働条件を改善するためには、荷主との交渉も必要である。たとえば仙台から山形までの幹線横持ち輸送では、距離が短いので労働時間も短い。そこで幹線輸送プラス地場などの仕事の組み合わせも行っている。だが、ネックは手待ち時間である。手待ち時間はすなわち拘束時間だ。このような点は荷主との交渉で改善していかなければならない。

あるいは、荷主のオーダーの締め時間の関係で、夕方しか配送できないような場合には勤務時間の変更などで対応する。いずれにしても配送業務の場合には、各コースとも8時間+休憩時間で9時間から9時間半の範囲に収まるように努力している。最長でも10時間以内に収めるようにする。

それ以上長くなるようなら、1台を半日分入れるようにすればよい。1台は週3日でもよい。その場合の大きな問題は、基本のフィー契約（%契約）である。フィー契約では配送車両を何台にしようが事業者側の収入は変わらない。これではコストが増える分だけ事業者が損をすることになってしまう。

そこでL1社では、配送車両を増やす場合は、別途に計算して別契約とするように交渉している。センター業務はフィー契約でも、配送業務は運賃契約にするような交渉である。実は、それ以前から、そのような交渉をしてきた。だが、難しかった。そこで社員を守るためには、これが最終交渉だという覚悟を固めたのである。

そのためにはデータに基づいた収益管理ができなければいけない。新しい給与体系では変動費は残業代だけにしたが、拘束時間という概念をドライバーにも分かりやすくすることが必要である。このようなことから、拠点管理の原価計算やコースごとの原価計算ができる配車管理システムを開発した。

給料アップで売上も増加

売上が先か、労働条件の改善が先か…。6人のドライバーのうち2人が辞めたのを機に、残ったドライバーの賃金を一律3万円アップし、採算の低い仕事から撤退して新たな営業開拓をすることで、5年間に売上が3倍になった小規模事業者M1社がある。同社はさらに取材時点（2017年8月）で、ドライバーの週休2日制が完全に実施できるように取り組んでいる。これまでも制度としては週休2日制だったが、休日出勤扱いで土曜日も働いていたのが実態だった。そこで週休2日が完全に実現できるように2万円保証で完全週休2日の実施に取り組む。

この事業者は、取材時点での保有車両数は16台（トラクタ・シャーシ13セット、7tユニック車2台、4tウィング車1台）で、その他にレンタルシャーシがあり、ドライバー数は17人である。

M1社は2004年の設立から4年間は赤字だった。赤字の大きな原因は波動性の大きな仕事の下請けだけに頼っていたために、繁閑の差が大きかったからである。そこで、ボトム時の仕事を開拓して売上をコンスタントにすれば、黒字転換は可能と考えられるのだが、それができなかったのである。

現社長は設立以来、配車もしながらドライバーとして働いてきた。詳細は割愛するが、複雑な経緯を経て経営を引き継ぐことになったのは2008年だった。社長を含めて7人でのスタートだった。車両は6台でドライバーも6人である。

社長になると早速、取引先の開拓に取り組んだ。メインの仕事の隙間を埋めるための荷物を確保する営業である。すると、初年度から黒字に転換することができた。車両の稼働率が上がったからだ。とはいえ、安い運賃では忙しい割に利益が少ないので、給料を上げることができない。そのような中でも社長を引き継いでから約3年後には、ゼロだったボーナスを僅かだが支給するようになっていた。

ところが、ドライバー6人のうちの3人が辞めると言ってきた。半数のドライバーがいなくなるかも知れないという会社存続の危機に直面したのである。そのうち1人は説得して退社を思い留まらせたが、他の2人は勤務態度などもあまり良くなかったようで、説得をしなかったという。それでもドライバーが3分の2になってしまった。

この時、社長はドライバーが辞めた原因を考えた。会社をたたむか続けるか。続けるにしても、このままで人を補充するだけでは同じことの繰り返しになってしまう。なぜダメだったのか原因を明らかにしないといけない。

複数の仕事を組み合わせるようにしたので車両の稼働率が上がり、赤字から黒字に転換することができた。だが、安い運賃のために仕事量が増えた割には給料が上げられなかった。ドライバーからすると忙しくなったが給料はあまり上がらない、というところに原因があったというのが結論だった。

そこで、ドライバーが2人辞めたのを絶好の口実に、人がいないのでできないと、安い下請仕事からは撤退した。逆にいうと、ドライバーが辞めたことで、安い運賃の仕事をことわる口実ができたのである。

同時に、このままでは残った4人も辞めるかも知れないので、赤字を覚悟で3万円の賃上げをした。3万円上げて頑張るが、もしダメだったら元の給料に下げてもらうことになると言って賃上げしたのである。

遊休車両の2台は減車しないで、ドライバーを募集した。辞めた2人の補充には2、3カ月かかったが採用することができた。もちろん新規採用のドライバーも3万円上げた賃金ベースでの募集である。

だが、それまでもギリギリの黒字経営だった。賃上げをすれば赤字になるのは目に見えていた。それでも社長は自分自身を追い詰めることで頑張る以外にないような状況にしたのであった。

ところが、である。3万円の賃上げをした年度は過去最高の利益を出すことができた。さらに当時の売上高は約6000万円だったが、5年後の2017年3月期には1億8000万円にまで拡大し、利益も1000万円ほどになっている。保有車両数、売上高共に約3倍である。これまでは、資金繰りの関係などもあって中古車で増車してきたが、新車の導入もできるようになってきた。

その背景にあったのは、経営者の覚悟と従業員のやる気の違いであった。

■残業代減少分を最低でも2万円の賃上げで週休2日の完全実施に取り組む

M1社ではこの間、コンプアライアンスにも力を入れて取り組んできた。Gマーク（安全性優良事業所）の認定もすんなり取得できたという。現在では働く人優先、コンプライアンス優先で会社が良い方向に進んでいると実感できるため、結果的にはGマークは取得して良かったと思っている。

また、今後の事業発展のポイントは人だと考えている。企業間競争もこれからは値段の勝負ではなくなる。そこで人の育成に力を入れていく。そのために外部の教育研修などにも1人ぐらいずつしかできないが積極的に出していく方針だ。それには残業時間を減らすなど労働時間短縮が必要で、コンプライアンス・コストを賄える収入の確保も不可欠になる。

労働時間の短縮では、週休2日の完全実施を実現するために取り組む。そのためには取材時点でドライバーが2人不足している。同社はこれまでも週休2日制であったが、現実には土曜日は休日出勤で働いてもらっていたのが実態だった。ちなみに、同社のドライバーの平均的な残業時間は月80時間で、なかには月100時間というドライバーもいた（取材時点）。このようなことからも完全週休2日にして土曜日の出勤をなくす、というのが経営課題の1つである。

しかし、完全週休2日制を実現するにはドライバーを増やさなければならない。従来は車両1台に1人だったものを、1台に1・2人と車よりも人を多くしないと完全週休2日は不可能である。そこで同社では徐々にドライバーを増やそうとしている。取材時点では車両16台に対してドライバー17人だったが、本来なら19人のドライバーが必要なので、あと2人足りない。

もう1つの経営課題は、完全週休2日になると1カ月間の残業時間が32時間減少することである。しかし、これに伴いドライバーの残業代はその分少なくなってしまう。そのため同社では、残業代の減少分を補填するために2017年1月から賃上げを実施した。賃上げは最低2万円である。2万円以上アップした人もいる。それでも残業代が減少した分を完全に補填することはできないが、現実的に可能な精一杯の賃上げだ。

しかし、ドライバーの人たちは事情を理解しているという。

いずれにしても残業や休日出勤を減らすとなると、それをカバーするためのドライバーが必要になる。したがって人件費総額は増えることになる。しかし、コストアップになってもそうしないとダメで、その分の売上拡大をしなければならない状況に自分を追い込んでいる、と社長はいう。

ドライバーが辞めないように賃金を上げる。その人件費増加分は運賃単価を上げなければいけないので取引先と交渉する。だが、機械的に運賃値上げというだけではなく、単価を上げないのなら車両回転が上がるような交渉が必要だと同社では考えている。たとえば、1時着を2時着にずらし待機時間を減らすなどしてもらうことで車両の稼働率を良くする、といったような提案である。

同社のように、中小規模の事業者でも賃上げや労働時間短縮など、自社の実態に見合った形での「働き方改革」は可能である。

ドライバーが自主的に取り組む仕組みづくり

働き方改革は実現しなければならないが、総論とは別に現実問題としては改善基準告示などをどのように順守するかという課題と日々格闘しているのが大方の実態ではないだろうか。そのような実態を踏まえて、デジタコをベースに、車載器に運転時間などが表示できてドライバーにも分かり、また、事務所でもリアルに状況を把握できるシステムを開発・導入しているのが千葉県のN1社である。そもそもは「安心して経営したい」という思いがシステム開発の出発点で、メーカーと協力しながら約10年をかけて段階的に研究・開発してきた。

ドライバーは運行管理者の指示通りに運行しようとしても、思わぬ渋滞や長い待機時間、積込みや荷卸しの荷役時間などで計画通りに進まないことが多い。それに対して帰社後のデータに基づく指摘や指導では改善効果は少ない。このようなことから、リアルタイムで時間を把握することができ、リアルタイムで時間調整などができるようにしたのが同社のシステムである。あたかも運行管理者が同乗しているかのようなシステムで、ドライバーが自ら時間管理をして自発的に労働時間短縮に取り組めるようにしたシステムだ。

■「安心して経営したい」と労働時間の見える化を実現し順守状況をリアルに管理

N1社は、取材時点での保有車両数は40台強で、従業員数は60人弱である。

事業内容は、一般貨物自動車運送事業の他に、貨物運送取扱業、倉庫業を行っている。メインの取引先は大手の製粉会社で、荷主の横浜工場から飼料を横持ちしたり、横浜のペットフード工場から自社の倉庫に横持ちし、オーダーに基づいてペット用品問屋の倉庫や、ホームセンターの物流センターなどに納品するような仕事をしている。ペットフードでは大阪への輸送などもある。また、納品先であるホームセンターからの仕事も行っている。

同社ではダンプ車も保有しているが、これは家畜の飼料の原料となるふすま（麸）などを工場間輸送しているからだ。また、輸入合板を千葉、神栖、横浜から建材店に運んだり、ホームセンターの物流センター間輸送、センターへの引き取りなどもしている。ホームセンター間の輸送では、北は花巻、郡山、新潟、西は三重などへの輸送もある。

このような業務内容で、長距離輸送は全体の40％強、関東圏内の輸送が約60％という割合になっている。長距離輸送では当然、労働時間の問題がある。改善基準告示を順守するにはどうすれば良いか。運行を見直せば改善基準を守れるかと言えばそうではない。運行を見直すことと改善基準告示が守れることとは別の問題だ、というジレンマに同社は直面したという。

改善基準告示を守るという意識を経営者が持つことは当然だが、ドライバーに対してもその強い意志を表示しなければいけない。同時に、荷主に改善などを要望する時に示せる説得性の高いデータも必要だ。

もちろん運送業にとって安全管理は最重要課題である。もし長時間労働に起因して大きな事故を起こしてしまえば、中小事業者は会社存続の危機に陥り、状況が一変してしまう。小さな会社では法律を味方にするしかないというのが同社の認識だ。このようなことから安心して経営ができるようにするにはどうすべきかと考えた。

その結果、安心できる経営をシステム化しておくべきで、誰でも同じレベルが保てるようにし、ドライバー不足といったストレスもなくすことにしたのである。

そのため、経営者とドライバーの双方にとって良いシステムを開発し、安心できる材料を提供することで、必要な時間に出て行って労働時間を短縮し、安全も保てるようなシステムの開発に着手することにした。

同社が開発・導入したシステムは、簡単にいうと車載器では以下のような内容が分かるようになっている。

たとえば日時状況では、連続運転可能時間、停止時間残余、拘束時間残、休息時間残、休憩残、点検、中間点呼、次回出勤可能時間などである。画面を切り替えて拘束時間確認を見ると、拘束時間残、15時間超過可能回数なども分かるようになっている。

一方、事務所のパソコン画面では、運転手ＩＤ、運転手名、状態、車両名、エンジン、現在地、地図、詳細、拘束終了時間、休息／休日時間残、休日設定、連続運転残、休憩残（分）、日常点検、乗務前点検、中間点呼、乗務後点呼、日次警告数、日次エラー数、月次順守率（％）などが一目で分かるようになっている。

ドライバーによる車載端末器の操作はデジタコの操作と同じで、特別な入力はいらない。

同社でこのようなシステムを考えていたのはかなり以前からだが、具体的に発想したのは２００６、７年である。そして２００９年には最初の特許を出願し、その年のうちに特許を取ることができた。その後、ディフェンス・パテントも含めると10件の特許を取得している。知的財産を防衛するために意識的に請求項を残して出願しているからである。海外でもシンガポールと韓国では取得済みで、ＥＵでは出願中である（取材時点で）。

実際の機器の開発では２０１１年に第1号機を導入し、その後も改良を続けてきた。初代はドライバーの車載端末機器にのみ表示され、管理者は事後的なチェックだった。管理者からすると一般のデジタコと同じように、事後的に各種のデータを確認して管理・指導する形だったことになる。そこで２０１６年6月からの2代目の機器では、事務所でも運行管理者がリアルタイムでチェックできるようにした。

なお、共同開発したメーカーは一般向けにも販売をしている。

■改善基準告示順守や交通事故減少、適切な運行のための荷主交渉などで成果

ところで、優れたシステムを導入すればそれで万事解決するかというと、そんなことはない。肝心なことはどのように使いこなすかである。つまり運用にも工夫と努力がいるということだ。それが伴わなければ成果は出ない。

N1社ではリアルで時間管理ができるシステムを導入してから、この間、様ざまな成果が出てきた。いくつかを挙げると、まず第1にはドライバーが自分から時間を管理するようになったことである。これにより改善基準告示が自発的に順守されるようになり、労働時間も短縮された。

第2には、労働時間などが改善されると交通事故の減少にもつながる。改善基準告示は集中して運転できるドライバーの限界なので、それを順守するようになると事故も減るのだと同社では考えている。その結果、導入前は月に1件ぐらいあった事故が、現在では物損事故も含めて年に1、2件に減ったという。

第3は、取引先との交渉もデータの裏付けがあるので具体的に、タイムリーにできるようになったことである。たとえばリアルデータで待機時間が異常に長い状態にあれば、管理者が着荷主に連絡して、なぜ待機時間が長くなっているのかを確認し、改善を要請する。それでもダメな場合には発荷主に連絡をして、追加料金などの交渉をする。リアルタイムでドライバーの状況が把握できているので、これらの対応が迅速にできるようになって成果に結びついている。

第4には、このような時間管理や安全管理はドライバー自身はもとより、家族にも安心感を与えることができる。その結果、取材時点における同社の平均勤続年数は14年まで延びてきた。そこで必要なドライバー数は確保できており、また、中途採用が必要なときでも募集することなく、口コミによる問い合わせがあるという。

このように同社では改善基準告示を順守するためのシステムを導入して、ドライバーが自発的に時間短縮に取り組むようになったという成果が出ている。だが、トラック運送業界の多くの企業の現実をみると、労働時間の短縮はすなわち賃金の減少を意味するという実態がある。その課題をクリアしなければ「自発的労働時間短縮」はなかなか難しい。

この点を、同社ではどのようにクリアしているのだろうか。それは、同じ仕事を短時間でやったら給料が減るのはおかしい、同じ仕事を短時間でやって同じ給料なら自ら工夫して効率化を進める、ということに尽きる。

創意・工夫にはどうしても個人差が伴うが、相乗効果で個人差もだんだん縮まってくるという。では、同じ仕事＝短時間＝同じ給料をどのように実現しているのか。同社では5年前から、みなしの固定残業代を含めて320時間の給料を支払っている。320時間に満たなくても同じ給料である。

反対に、320時間を超えることはないのか。開発・導入したシステムでは残りの拘束時間なども把握できる。残りの拘束時間を残りの出勤日数で割れば1日平均の拘束時間が分かる。そこで、会社指定の有休として調整休日を導入している。日曜日と祝日は休みなので、たいていは土曜日で調整する。同社の仕事は工場間輸送などが主なので、土曜日に稼働する車両は少ないからだ。

このようにして基本的には月間拘束時間320時間以内に収める。オーバーしても数名のドライバーが年に数時間程度でしかないという。だが、現在の改善基準ならクリアできるが、時間外労働時間の制約がさらに短くなるとムリが生じてくると考えている。その場合にどうするかは今後の課題のようだ。

第2部

人材確保・定着先進事例

短縮時間分を補填する
人材確保！

第2部のポイント

生産性の向上は常に追求しなければならないが、生産性向上だけでは有給取得を増やしたり、労働時間を短縮した分を完全に補塡することはできない。すると、従来から働いている人たちの労働時間を短縮した分を補うためには、新たに人を雇用しなければならない。それでなくとも、応募者が少ない業界という現実の中で、どのようにすれば人材を確保することができるのか。

有効な募集方法を導入して、エントリー者の7割を採用している事業者、また、仕事に人を合わせるのではなく、週休3日制や週休4日制の正社員など、人の働き方に仕事を合わせて多様な働き方を可能にした事例を紹介する。

さらに、トラック運送業界でも女性ドライバーが増えてはいるが、他産業と比べると女性の増加率が低い。有効求人倍率が他産業より高い理由の1つが女性の増加率の低さである。そこで、実際に取材で出会った潜在能力の高い女性たちや、女性支援プロジェクトを推進している事業者、さらにドライバーの約4分の1が女性という事業者の事例から学ぶ。女性が働きやすい会社は男性にとっても働きやすい会社と言える。その意味では、女性が活躍している事業者は、男性の応募者も多い会社を意味している。

一方、せっかく採用しても定着率が悪ければ元も子もない。募集、採用、退職の繰り返しではサービス品質も向上しない。そこで、思い切った賃金アップをしたらモチベーションがアップして売上、利益とも増加した事業者、福利厚生の一環として食事を提供している事業者、健康経営を指向したりスポーツに力を入れている事業者などを紹介する。

❶ どのような募集が有効か

エントリーの70％が入社

いうまでもなく中途採用のドライバーは同業他社からの転職者が多い。だが、長年の経験者でも、自分が運んだことのある荷物以外の業務内容はあまり分からないことも多い。まして、他業種からの転職者では全く分からないといっても過言ではないだろう。

そのためスマホで、すぐに業務内容が分かるようにし、エントリーまでつながるような工夫をしてドライバー採用に結び付けているA2社がある。同社は応募者が周りの人に「その会社でどんな仕事をするの」と聞かれても、運送業務の内容を説明できるようにした。応募者自身が業務の内容を容易に理解し、安心感を持ってもらえるように工夫しているのだ。

■求人はマイクロモーメントで仕事の内容も分かりやすく

A2社は、ドライバーを募集してもなかなか応募者が来なくなってきた。そこで、なぜ人が集まらないのかを分析した。その結果、仕事の内容が分からなければ、自分が働いている姿が想像できない。イメージできるかどうかが重要という結論に至った。

同時に、何よりも応募方法を求職者の目線で考えなければならない。最近の若い人はまずWebで調べる。スマホネイティブの人たちはスマホでの検索が前提である。さらに、サイトのWebページの容量が重くならないようにできるだけ軽くし、検索してすぐに表示できるように工夫しないといけない。ローディングに3秒以上かかるサイトは飛ばされる傾向があり、40%の人が検索を止めてしまうという説もある。そこで、マイクロモーメントに対応できるよう対策をしたのだ。

さらに導入の手法である。同社では、影響力が一番ある求人サイトに求人広告を出している。しかし、求人サイトで応募してくるとは考えていない。求人サイトはあくまで入り口で、そこから自社のWebサイトに誘導するのが目的だ。つまりエントリーまでの流れとしては、影響力のある求人サイトを検索→自社サイトに誘導→自社サイトの求人観覧→エントリーというスムーズな流れを作るために、求職者の利便性を重視して一貫して応募に至るように導線を整備しているのである。

そこで自社サイトの窓口である。同社では「長距離ドライバー」とか「日帰り乗務」とか、「配送ドライバー」など、できるだけストレートな内容にしている。

「○○ドライバー募集中」といった求人広告を目にすることがあるが、「募集」や「募集中」は全く意味がないのである。なぜなら求人誌や求人サイトに掲載しているのだから、「募集中」は当たり前であり、応募者も「募集」広告だから見ているのである。また、「大型ドライバー」といったことも適切とは言えない。「大型車」でも近距離の場合もある。「長距離」としておけば、たいていは大型車と受け止める。それ以上に「長距離」なら、最短でも2日運行、あるいは3日運行などをイメージする。

「日帰り乗務」なら、中距離輸送をイメージするだろう。1日の拘束時間は最長で13時間ぐらいになるかも知れないが、毎日、家に帰れるような勤務スタイルが想像できる。あるいは「配送ドライバー」なら、勤務時間はさほど長くないと受け止めるだろう。朝は早いかもしれないが、午前中や午後の早い時間には仕事が終わるような生活サイクルが頭に浮かぶ。

つまり、自分はどのような働き方を選ぶかが判断できるようにすることが重要なのである。自分のライフスタイルに合うかどうかがすぐ分かるようにするのである。

このように、できるだけシンプルに、しかも仕事の内容が容易に分かるようにしなければならず、そのために文章は13文字以内が良いと同社では考えている。必ずしも13文字に固執するものではないが、文字を読ませるのではなく、文字を感じさせるには長いコピーは良くない。

これは自分自身に置き換えてみれば明らかだ。たとえば、ネットのニュースサイトで、見出しをキチンと読んでいるかというと、多くの人はパッと見た感覚でそのニュースを読むかどうかを判断しているはずだ。また、スマホなら1行に収まる文字数の範囲にする。2行にまたがるような文字数は長すぎて良くない。

エントリーまでにはほぼ入社希望の気持ちを固めさせる

肝心なエントリー方法はどのようなものか。A2社ではエントリー方法を1つに固定していない。エントリー方法としては、①電話、②LINE、③エントリーフォームの3つから選択できるようにしている。

これまでの同社のデータでは、これら3つのエントリー数の割合をみると、電話が25%、LINEが25%、エントリーフォームが50%という比率になっている。このうち電話でのエントリーは、40歳代、50歳代、60歳代の応募者が多い。それに対してエントリーフォームからの応募は、20歳代、30歳代、40歳代が多いという。一方、LINEは年齢的には様ざまで特定できないようだ。

いずれにしても、同社の場合には、エントリーしてきた応募者の70%ぐらいは採用になっているという。もちろん、採用にならなかった30%の中には、同社が不採用と判断したケースもある。だが、この数値を見る限りでは、求職者が応募した時点ではほぼ同社に就職しようと決めていることが分かる。

入口からエントリーまでの間に、就職を決断させるようなプロセスになっていることを表している。だが、影響力のある求人サイトの検索から自社サイトへの誘導、自社サイトで就職を決断させるまでのプロセスなどは、試行錯誤が必要で、これといった決定打はないようだ。

同社がこのような募集手法を導入して募集を始めたのは2017年1月からである。もちろん募集の必要がない時期もあり、断続的に行ってきた。

この間に採用した人たちの多くは他業種からの転職者である。中には前職がバスの乗務員という人もいる。いずれにしても他業種から転職してきた人たちのほとんどは、「ドライバーは怖いと思っていたが、Webで見て良い印象に変わったといっている」ようだ。

この間を振り返って同社では、従来のような求人媒体への丸投げでは、コストがかかるだけで結果も良くなかったが、自社サイトを活用するようになって、表現なども思い通りにできるようになった、という。また、丸投げではなくセルフプロデュース化することで応募反応などを分析して修正するなど即座に対応できるようになって効果も良くなり、さらに低コスト化も実現できたとしている。

週休3日制正社員の採用

「転職を考えています。貴社様のHPなど目を通して理念や社員思いな所に魅力を感じました。今の会社になんの魅力も感じ得ない日々をただ送っています。どうせやるなら将来性のある、魅力もある会社に勤めたいと最近より強く感じています。詳細などわからないので、お話を聞きに行ければと思います。大型免許とフォークリフトは免許所持しています」（原文のママ）。

ある中小事業者B2社にきた応募者のメールから、個人情報などに抵触しない内容の範囲で転載させていただいた。

同社は、2018年から変形労働制を導入し、週休3日や週休4日の正社員採用を始めた。それに先立って変形労働制の募集は2017年12月23日から自社のホームページや有力な求人サイトにUPした。取材時点（2018年1月18日）では1カ月に満たないが、それでもすでに20人の応募があり、そのうちの5人を採用した（週休2日の人も含めて）。

■「雇用マーケティング」を考えて以前から多様な勤務パターンを提示

B2社の変形労働制導入の背景として、会社の変遷と、業務内容ならびに多様な勤務パターンがある。

同社の大きな転換点はリーマンショックだった。リーマンショックのダメージは大きく、経営の土台からつくりかえていかなければならなかった。併行して人事制度改革を行い給与体系なども大きくつくり変えてきたのである。同時に労働基準監督署や労働組合に対する理論武装もしてきたという。

取材時の保有車両数は50台強で、従業員数は約60人（うちドライバーは約50人）であり、取引先によっては全国に運ぶ仕事もあるが、近距離、中距離の荷主もある。

このような中で、同社は自己資本比率が70％と財務内容が良く、トラックはキャッシュで購入している。そして、若い従業員にキャリアパスを示すなど、将来の生活設計ができるような企業にならなければいけないと考えている。そのためには適正な伸び率での規模の拡大が必要となり、人材の確保が不可欠である。このようなことから、雇用マーケティングを考えると、応募する側は働く仕事の中身が分からないと不安になる。自分が働く側で転職しようとするときに必要な情報は何か。まず、働くイメージが湧くような情報が重要と考えている。

そこで様ざまな勤務形態をパターン化して、パターンごとに採用するような形をとってきた。

なお、安心して働けるということが分かるように、事故による損害などは会社が責任を持つので従業員に負担をかけない、と謳うようにしただけでも反応が違うという。会社負担は法的には当然のことなのだが、その文言を入れるだけでも安心して働ける会社なのだというアピールになり、他社との差別化になってしまうというのだ。

同社が着手したのは、自社のホームページをきちんと作ることからだった。そのため他業種の企業で上手くいっているケースから学んだ。そして、自社にはこのような良さがあるということを発信していくことが重要と考えるようになった。

このようなコンセプトで同社では働き方のパターンに応じた雇用をしてきたのである。仕事に人を割り振るのではなく、人に仕事を合わせるという発想である。とくに最近は、時間に関する要望が増えている。

同社のホームページの募集を見ると、職種欄もピストン輸送とか長距離あるいは中距離と分けてあり、それぞれの雇用形態（いずれも正社員）と税込み賃金、就業時間・休日（土日他／毎週）などを明記している。たとえば就業時間に関しては変形・1年単位となっており、就業時間も何時～何時と提示している。

安全への取り組みなどについては割愛するが、複数の配送先を組み合わせて行う配送業務では「複数コース・ライト＝お金より自由な時間が欲しい方」、「複数コース・ノーマル＝標準的なコース」、「複数コース・ヘビー＝とにかくお金が稼ぎたい方」となっており、ライト、ノーマル、ヘビーごとに月曜日から土曜日までの配送コースの組み合わせと、残業代・諸手当込みの月額を示している。

毎日、同じように1カ所への配送を繰り返す業務でも、「単一コース・ライト」、「単一コース・ノーマル」、「単一コース・ヘビー」と、それぞれに勤務時間や給料が分かるようにしている。さらに、これらのコースごとに現在働いている人のコメントなども掲載し、その他、よくある質問にも答えるようにしてある。

なお、事務職採用も同様に、給料や勤務時間などは当然だが、出勤から終了までの時間帯による業務内容などを紹介している。

■週休3日や週休4日などを加えて「人に仕事を合わせる」柔軟な勤務メニュー

B2社では、このような多様な働き方を採用しているため、いろいろな条件の人がドライバーとして勤務しているようだ。たとえば、月曜日とかあるいは月火を定休にしているドライバーがいる。アイドルの追いかけをしている人で、日曜日は仕事を終えてからイベントに行って、翌日の月曜日に休みたいという人だ。あるいは、ゴルフが好きなドライバーの中には、月曜日ならゴルフ場が安いので、毎週ゴルフに行きたいと月曜日を休みにしている人もいるという。

また、入社してきた人をどうするか、という点でも様ざまな試みをしている。その1つがファミリー制度だ。ファミリー制度やブラザー（シスター）制度などを導入している事業者は珍しくないが、同社では本人が所属している職場とは別の部署の役職者を「父親」にしている。同じ職場の直属の上司では話せないこともあるだろう、という配慮からだ。さらに資格支援によるキャリアパスのサポートもしている。その他、様ざまな取り組みをして定着率の向上を図ってきた。

その結果、離職率は2013年には19%であったが、2014年からは1桁台に下がり、その年によって多少の増減はあるが2017年も10%以内になっている。

だが、2017年から人の確保が難しくなってきた。それまでは、年間を通せば採用に困ってはいなかったため、打開策として週休3日制や週休4日制を導入することにしたのである。

同社では、変形労働制を導入するために就業規則の見直しなどを行ってきた。また、業務災害補償制度の導入など、働き方改革を推進してきた。それにより兼業農家の人や介護の必要な家族のいる人などにも雇用の門戸を開き、さらに短時間労働を望む女性にも働きやすくしたのである。

週休3日制では週に4日働くことになる。そのため変形労働制では1日の労働時間は10時間で週40時間となる。同じように週休4日制では、1日の労働時間は13時間で週39時間である。

ここで週休3日や週休4日を経営的な視点から見ることにしよう。

運送現場の実態を見ると、1日の労働時間が8時間以内に収まるというドライバーは極めて少ない。そこで、かりに毎日の残業が平均2時間だったとすると、週休3日制なら1日10時間労働なので定時内に収まり、残業が発生しないことになる。

さらに平均2時間の残業ではとても終わらないという場合でも、原則的には1日の最大の拘束時間は13時間がリミットなので、週休4日で1日13時間労働なら、やはり残業が発生しないことになる。

もちろん、従来は1人のドライバーで行っていた業務を2人のドライバーで行うことになるので、単純計算ではこれまでの2倍のドライバーを雇用する必要がある。法定福利費などを含めて、当然、人件費総額は増加する。

だが、残業がなくなるというメリットは大きい。これは時間外労働時間の上限制限や、月60時間超の時間外割増50%などへの対応にもなる。

残業時間の問題はともかくとして、多様な勤務形態の設定は様ざまな条件の人たちが働きやすいように、雇用の門戸を拡げることになる。先述のように同社では1カ月弱で20人の応募者があった。そのうちの5人を採用している。

週休3日で採用したドライバーの場合は、家族の介護の関係から通常勤務では正社員になれず、やむなく非正規雇用で働いていたようだ。不本意非正規雇用労働者の典型的なケースである。

週休3日や週休4日の正社員は、通常勤務の従業員の有給取得や労働時間短縮分を補填するような配属にするという考え方も可能だ。

このように同社では、多様な働き方を提示して人材確保に努めている。だが、それは勤務形態のメニューを豊富にすれば良いというものではない。1人ひとりのドライバーにとっては多様な仕事の組み合わせでも、会社としては総ての業務を円滑に遂行していかなければならないからだ。現場においてそれだけのオペレーション能力が必要になる。また、給与体系や勤務管理などの管理能力が伴わなければ、多様な働き方を設定することができないという点にも注目しないといけない。

いずれにしても、中小事業者も週休3日や週休4日を検討すべき段階にきている。

❷ 女性の採用と活用

女性の潜在的能力

なぜ、運送業は全産業平均よりも有効求人倍率が高いのか？

様ざまな理由はあるが、構造的にみると1番の要因は女性の雇用が他産業よりも進んでいないからと思われる。生産年齢人口は減少しているが、この間、就業者数は増加している。生産年齢人口の減少を補っているのが女性の就業者数の増加であり、もう1つは65歳以上の男性就業者数の増加だ。このうち65歳以上の男性就業者の増加という点では、運送業界も他産業と同じである。むしろ男性ドライバーの高齢化は、他産業より進んでいるかも知れない。

運送業界が他産業と決定的に違うのは、女性就業者数の増加率が低いことである。とくにドライバー職では、昔より女性が増えてきているとはいえ、他産業と比較すると増加率が低い。

それには様ざまな理由が挙げられるが、決定的なのは採用する側の意識の問題といって良い。

物理的な理由よりも、意識的な面が大きいのである。

だが、物流の業界で働いている女性を取材すると、けっこう多芸多才で驚くことが少なくない。

■物流現場で働く女性たちの多様な潜在能力を活かせるかが逆に試されている

これまで取材した女性の中の何人かを簡単に紹介しよう。

まず、物流センターでフォークリフトで働いているAさんである。彼女は、「社長に騙され」てフォークで働いている、と明るく笑う。Aさんは最初、事務の補助的アルバイトに応募して面接を受けにきた。すると面接に現れた社長は中学校の同級生だった。何10年ぶりかの偶然の再会だったが、お互いに顔を見て同級生だったことがすぐに分かったという。創業社長なので昔からあった会社ではなく、まさか面接に行った会社の社長が同級生とは思わなかった。「騙された」のはそこからである。事務の補助的アルバイトで面接を受けたはずだったが、会社が費用を負担するのでフォークの免許を取って働いてくれと頼まれ、社長に押し切られてしまったようだ。新しく物流センターをつくり、立ち上げに際して事務職なども含めて様ざまな職種を募集していたのである。

そんな経緯で、Aさんはフォークリフトの免許を取り、センターの作業をすることになった。だがAさんはフォークの仕事のほかに、子供たちに英語を教えている。大学は独文科だったようでドイツ語もできる。さらにヨガや整体などの資格も持っているという。そして50歳代なかばになっても、週に1回は短時間でも海に行ってサーフィンをし「ストレスを解消している」という自称サーファーである。

また、驚いたのはドライバーのBさんだ。2t車、4t車、大型車とその日の配車によって毎日、違う大きさのトラックに乗務している。大型車に乗務するときには夕方に出発して翌日早朝に帰ってくるような勤務もある。

Bさんの父親はキャリアカーに乗務する現役のトラック・ドライバーで、母親も若い時にはトラックのドライバーをしていた。「旦那の稼ぎだけでは足らない」ので、働くにしても両親を見てきたのでトラックに乗務するのは自然の成り行きだったようだ。

夫と中学生と小学生の2人の男の子がいるが、夜間勤務のときは、夫の協力はもちろん、母親が近所にいるので子供たちをみてもらうこともできる。そんなこともあって、休みの日や早く帰れるときなどは、できるだけ子供たちと接するようにしているという。このように家庭と仕事で忙しく、自分の時間はなかなか取れないのが実態だ。

ところが、である。取材が終わって帰ろうとしたら「念願のSF小説をやっと出版することができました。良かったら読んでください」と文庫本をプレゼントされた。本人の意思でペンネームも非公開とするが、初版第1刷発行の新刊である。自分の時間もなかなか取れない中で本を1冊書き上げるのは大変なことだ。

これまでに業界で働いている女性から、取材のときに著書をいただいたのはBさんで2人目である。1人目は引っ越しの営業を担当していたCさんだ。彼女は引っ越しの顧客のニーズを聞くうちに、片づけや収納などの新ビジネスを考えた。さらに片づけなどに関する本を出したら好評で、他の出版社からもオファーがあり、取材時点ではすでに4冊ほどの著書があった。

さて、SF小説を出版したBさんだが、彼女は高校生のときに1年間イギリスに語学留学したという自称「変わり者」である。小説を書くだけでなく音楽でも作詞作曲・編曲をしたり、インターネットラジオも手掛けているという。Bさんは自分を「日本の物流を支える名もなきトラック・ドライバー」にして「マルチパフォーマー」と称している。

このように物流現場で働く女性たちは多士済済だ。彼女たちが力を発揮できるような業界（企業）になることが、業界イメージの一新にもつながるのではないだろうか。

■配車担当を女性にしてベテランはマルチ対応で週休2日制を目指す

食品関係のメーカー物流を主に行っているC2社は、働きやすい環境も整えて行かなければならないと宿泊施設も整えた。これからはドライバーを確保できるかどうかという問題もあって、北海道を除けば、傭車に頼るよりも自力（グループとして）でネットワークを整えた方が良いという考え方から、拠点を増やす方針も打ち出してきた。

その一方で、以前から安全管理、品質管理を徹底してきた。基本はデジタコで温度管理なども行っている。GPSで全車両の位置情報から温度管理まで、リアルタイムで本社で管理している。特に夜間の無人のとき（積み置きなど）の冷凍機の事故に対応できるように本社で24時間管理している。

そのような中で配車・運行管理では、2016年4月からは配車担当として女性の採用を始めた。新規採用して配車を担当させ、運行管理者に育成する方針である。

そのようなことから募集したら、5人の採用予定に80人の応募があった。正社員になりたい女性が多いからである。

従来はドライバーのベテランが配車を担当していたが、ベテランは何でもこなせるので現場責任者とし、欠勤者への対応や、労働時間短縮の調整などの役割を担ってもらうことで、ドライバー不足を補う。そして配車担当は応募者が多い女性に切り替える、という方針である。

このようにして労働時間短縮を推進している。

女性支援プロジェクトを推進

女性ドライバーの場合、作業的には手積み手卸しなどの荷役がネックになることが多い。重い荷物の荷役作業や持ち運びには体力が必要で、筋力などが男性より劣る女性にはどうしてもハンディがある。そのため宅配便などの小口荷物や、キャスターのついたカーゴテナーで納品する店舗配送などに女性ドライバーが多い。だが、ドライバーが自分で荷役作業をしないダンプやトレーラ輸送なども女性ドライバーの働きやすい分野だ。

海上コンテナや工作機械などのトレーラ輸送を主に行っている愛知県のD2社では、女性ドライバーを積極的に採用するために、２０１４年6月から女性支援プロジェクトを社内に設置して、女性ドライバーが働きやすい環境整備などを進めてきた。

同社は、名古屋港に入ってくる海上コンテナの輸送がメインになっている。以前は関東方面への長距離輸送も多かった。しかし、ドライバーの労働時間短縮などもあって長距離からは徐々に撤退し、中距離、近距離の仕事だけにしてきた。

取材時点での保有車両数は約２１０台（そのうち約3分の2がトレーラのシャーシ）で、従業員約70人のうち女性ドライバーは8人となっている。このような中で、荷役作業のないトレーラ輸送なら女性ドライバーでも可能なので、積極的に女性ドライバーを増やしていこうと取り組んでいるのが女性支援プロジェクトである。

■社内ではセクハラ防止教育、社外には女性が働きやすい環境整備への要請

D2社が女性ドライバーの積極的な採用に力を入れるようになったのは、外部の講習会などを通して、これからは女性ドライバーを採用すべきだと考えるようになったからである。そこで

2014年6月に女性支援プロジェクトを社内に立ち上げ、女性をプロジェクト・マネージャーにした。この女性リーダーは通常は総務や経理の業務を担当しているが、女性ドライバーからするとリーダーが女性の方が何かと話しやすいからだ。この女性マネージャーは女性ドライバーの採用、面接なども行っている。

プロジェクトをスタートする時点で、同社にはすでに4人の女性ドライバーがいた。そこで女性マネージャーと4人の女性ドライバーが中心になって、ユニホームの刷新やトイレなどの課題に着手した。

これはプロジェクトがスタートして間もないころのことだが、港のヤードのトイレが課題に上った。港のヤードのトイレは、夜間などに一般の人が勝手に使えないように、使用する時には管理者に声をかけないと入れなかったり、中にはカギを借りないと使用できないようなトイレもある。自社の4人の女性ドライバーの声を集約すると、相手が男だったりすると「なかなか声をかけにくい」とか、「使いにくい」などの問題点が明らかになった。

そこで同社では、地元のトラック協会の海コン部会にそのような実態調査結果を渡し、部会長を通して港の管理者である名古屋港管理組合（愛知県と名古屋市）に改善要請をしてもらった。すると、あっさりと改善されたという。

また、女性ドライバーが目立たないことには意味がないということで、ユニホームについても検討を進めた。検討した結果、白いポロシャツと紺のベストというお洒落なユニホームを採用することになった。既製品のユニホームにはなかったので、ユニホームの会社にオリジナルのものを制作してもらうことにした。

だが、4人の女性ドライバーのうちの2人が、そんなユニホームは着たくないという理由で辞めてしまったという。それでも先を見越して新ユニホームの採用に踏み切った。

さらに、社内で重視して取り組んでいるのはセクハラ教育などである。

男性ドライバーは女性に接する機会が少ないので、女性に慣れていない人が多い。だから本人にその気がなくても、女性からはセクハラと受け止められてしまうような言動になることもある。D2社では、社外にも女性ドライバーの声を伝えて対策をとってもらうようにしている。外部が具体的に対策をとってくれた事例の1つに、女性ドライバーが納品に行った時には、先方でも女性が立ち会うようにしてくれるようになったケースがある。これは、女性ドライバーがコンテナを運んで行ったときに、コンテナヤードで男性につきまとわれたことがあったため、先方に対応策を要請した結果である。だが、女性ドライバーからすると、自分だけ特別に女性の立会人がつくのは、逆に心苦しいので気を使ってしまう、といったこともあるようだ。

■女性ドライバーの増加により人手不足が解消し、他にも様ざまな効果

D2社では運行管理面でも女性ドライバーに細心の配慮をしている。同社の場合、海コン輸送では出発時間は全車両が同じだが、納品先への到着時間は輸送距離などの関係でバラバラであ

る。そのためまだ日の出前の早朝に着いてしまうこともあり、暗いヤードで荷卸ししてもらうことになる。そこで女性ドライバーの場合には、日が昇って明るくなってから到着するような納品先にするなど、配車面でも様ざまな配慮をしているという。

また、やはり女性ドライバーの率直な声を聞くには女性のリーダーの方が良いようだ。たとえば、ヘルメットに記入する名前などは、男では気づかないような点である。女性ドライバーからヘルメットの外側にフルネームは書かないで、という声があった。フルネームが書いてあると、納品先などで「○○ちゃん」などと呼ばれたりするのだという。相手は親しみを込めて呼んでいるのかも知れないが、女性ドライバーからすると嫌なのだ。

しかし、ヘルメットに名前や血液型などを記入するのは、万が一の事故などに際して、速やかに的確な応急処置などが取れるようするためでもある。そこで、規則上からヘルメットの外部にフルネームを書かなければいけないのかどうかなどを確認し、ヘルメットのつばの内側にフルネームを記入して、ヘルメットの外側は名字だけにするといった対応もしている。

先に記したようにプロジェクトを始める時点で、同社には4人の女性ドライバーがいたが、ユニホームなどをめぐって2人が辞めてしまった。女性ドライバーを増やしていこうという取り組みが、当初は逆の結果になってしまったことになる。だが、その後、約1年半の間に6人の女性ドライバーを新たに採用し、取材時点では女性ドライバーが8人になった。8人の女性ドライバーは海コン輸送のトレーラに乗務しているが、本人が希望すれば、今後は輸出向けの工作機械のトレーラ輸送を担当させても良いという考えだ。

社員の募集はインターネットがメインで、女性の写真を前面に出して女性が働きやすい会社をアピールしている。

女性ドライバーが増えたことによる効果も表れてきた。第1には、なんといってもドライバー不足の解消である。だが、それ以外にも様ざまな効果が表われている。まず、男性ドライバーも含めて身だしなみが良くなり、会社が全体的に明るくなってきたことである。配車担当者の言葉遣いも変わってきて、無線応答なども良くなったという。

女性ドライバーが事故を起こして、泣いて落ち込んだりしている姿を見て、管理者側が安全管理や安全教育に対する自分の責任などを自覚するようになってきた。これなど、予期せぬ効果だった。

応募者増につながる女性の活躍

ドライバー132人のうち31人が女性ドライバーだというのが愛知県のE2社だ。この人数は全ドライバーの23・5％にあたる。また、31人というのは取材時点における人数であり、その4日後には3人の女性ドライバーが入社することになっていた。すると割合は25・2％になり、約4分の1が女性ドライバーとなる。

この中には産休をとっている女性ドライバーも1人いる。これまで女性ドライバーは妊娠するとほとんど辞めていったが、産休がとれる企業に向けての最初のケースとして、同社は期待しているようだ。

■昔から女性ドライバーはいたが働き方を工夫して積極採用し約4分の1に

E2社の基本的なビジネスモデルから見てみよう。まずは三河地区を配送エリアとした基本的にはクロスドック方式の配送サービスである。荷物は、夜中に幹線輸送でクロスドックセンターに持ち込まれる。それを配送コースごとに仕分けて配送する。

2つ目は、この配送車両の帰り荷として三河エリアから出る中距離積合せ便の荷物を集荷してくる。中距離積合せ便の荷物は方面別に仕分けして輸送する。このトラックが、帰り荷として三河エリアに配送される荷物と、他の地方に積合せて運ぶ便の荷物を集荷してくる。その他、様ざまな荷物と車両を組み合わせて、複雑な積合せ輸送を行っている。このオペレーションが同社の利益の源泉ともいえる。

一般的な傾向として、三河エリアの配送は納品先が小売店などで小ロット。それに対して中距離積合せ便は中ロットの荷物が多い。

配車のシステムも複雑だ。Excelで貸切と積合せのシステムは分けているが、積合せの組み合わせが複雑なので基本的には管理者の経験に負うところが大きいようだ。オーダーも三河エリアならクロスドック便の車両で集荷するが、どの便に積合せるかといった判断も必要で、さらに積めない場合には路線便に委託をしている。

なお、冷凍・冷蔵の商品も取り扱っており、先述のように三河エリアを毎日配送している。また、中距離積合せ便は、豊橋・豊川・蒲郡便、名古屋便、東海4県便があり、毎日、自社便で運行している。

それに対して関東や関西便は積合せて幹線輸送し、関東では神奈川県と茨城県にある協力会社に持ち込んで配送を委託する。首都圏を南側と北側の協力会社に委託してカバーするという形だ。また、関西は東大阪市の事業者に委託している。それ以外の地方は路線便に委託して運ぶ。

このようにE2社の積合せ輸送は、①自社で積合せて配送、②自社で積合せて幹線輸送して配送は協力会社に委託する、③路線事業者に委託する、という大きく3つのパターンがある。

同社には昔から女性ドライバーがいたようだ。これは2t車で三河地区で集配している便があったからであろう。20数年前でも70人ぐらいのドライバーのうち女性が5、6人いたという。女性ドライバーの比率は、概算だが7～8%なので、今から20数年前としてはかなり多い。

そのような中で積極的に女性ドライバーの採用に力を入れるようになったのは5年ほど前からだ。それまでは朝6時に出勤できて、勤務時間に制約のない女性しか採用していなかった。

だが、5年前に8時にならば出勤できるという女性が応募してきたので採用することにした。最初、管理者からはどうすれば良いか、といった意見も出されたが、共同配送の2回目の便から乗務するようにさせたのである。

女性側の条件（希望）も、早く出勤して1回目から乗務できる人、8時に出勤して2回目からならできる人、バラ積みバラ降ろしができる人など様ざまである。

また納品先が必ずしも早く配達してもらいたいとは限らないことも分かった。従来は6時に出勤して8時や8時半に配達していたが、8時出社で10時や10時半の納品でも良いという着荷主が多かった。同社としては、これはいささか驚きだったようだ。6時出勤は車両の回転を高めたいという自社都合で、着荷主はそれほど早くを求めていなかったのである。

このようなことから市内配送は全員女性にしたという。それによって市内配送の女性ドライバーの応募のハードルが下がってきた。

■産休が取れる会社になることでステップアップできる

女性ドライバーの確得は結局は働きやすさに行きつく。家事などのため8時からしか出社できない女性が多い。また、子供の成長に伴って働ける時間帯が変わってくるのも特徴の1つといえる。子供の手が離れると近場の配送から中距離などへのシフトが可能になる人もいる。そこでE2社では中型や大型免許の取得を促進するステップアップ制度も設けている。

また、女性が働きやすい条件整備では、バラ積みではなくパレット積の荷物を意識的に開拓するようにしている。車両もオートマ車やパワーゲート車を増やしつつある。

さらに女性が楽に働けるようにすれば、男性も仕事が楽になってくる。労働時間なども女性が良くなれば男性も良くなる。つまり女性ドライバーの労働条件の改善は、男子ドライバーの労働条件の改善にもつながるのである。

同社では、このような改善の一環として小口貨物から中ロット貨物へのシフトも進める方向だ。そのため、現在は小口荷物を自社で受注して路線便に出しているが、路線会社が直接受注するように荷主に紹介しているという。事務職の作業効率も含めて中ロットに絞った方が作業が効率的だからである。

このように作業効率化なども含めて女性ドライバーが働きやすい企業を目指している。すでに、地場のほとんどを女性ドライバーが担当しているので宣伝・広告効果も高い。女性ドライバーが多い職場だと知られてくると、働いている女性の家族が、たとえばシングルマザーなら両親が、既婚者なら夫が安心してくれるのだという。

また、これまでは妊娠すると辞めてしまうことが普通であったが、産休がとれる運送事業者になれれば、女性が働きやすい企業にさらに1歩近づくことになる。取材時点で産休に入っている女性ドライバーがいた。産休中もそうだが、それ以前も会社は大変だ。お腹が大きくなっても働けるように荷役の楽な仕事に転換させたりしなければならないからだ。だが、荷主も応援してくれたという。そのような意味では産休に入った女性ドライバーが、産休が明けて再びトラックに乗務して子育てしながら働けるようになることは、会社がステップアップできるかどうかの試金石ともいえる。

ところで、E2社は女性ドライバーに限らず応募者が比較的多いようにみえるが、応募者には「事前にホームページを見てから来てください」としている。ホームページを見ない人は採用しない方針だ。このホームページは、総務の3人が自分たちで考えて手直ししたりしているという。

採用担当者も女性である。以前は男性の部長が採用を担当していたのだが、定年で退職したのを機に、主任だった女性を採用担当者にした。彼女はその後、課長に昇進している。面接では採用するといった姿勢ではなく、相手の要望も良く聞いて低姿勢で臨むようにしているという。

同社は今後も女性ドライバーを積極的に採用していく予定である。次の段階として、まずは50人を目指したいという。同社は積合せ輸配送で独自のサービスの仕組みを構築している。それが女性ドライバーの働きやすい条件になっている。だが、さらに女性が働きやすい職場を目指すことを通して、女性に限らず誰でも働きやすい企業の実現につなげる考えのようだ。

❸ 定着率UPへの取り組み

賃金UPと定着率向上

「認識が変わった。従業員の定着化に力を入れている」と話すのは、保有車両数17台（うち軽トラック4台）という規模の中小事業者F2社である（取材時点）。だが、同社では2016年4月には、年間の人件費総額を1000万円増やし、思い切ったベースアップを実施した。同社はその前年と前々年にも年間の人件費総額をそれぞれ300万円ずつ増やしてきていた。さらに、2016年度では一気に年間総額1000万円増という予算を組んだのである。

その背景にはドライバー不足がある。そこで同社では利益がプラス・マイナスでゼロになっても良いから人件費をアップして、定着率を上げなければならない、と考えるようになった。それが「認識が変わった」という意味である。

同社では、さらに2、3年ベースアップを続けていって、年収を地元県内の全産業の平均水準ぐらいにしていきたい、と考えて取り組んできた。

F2社の従業員数は23人で、事業内容は一般貨物輸送（冷凍・冷蔵品を含む）、コンテナ輸送、利用運送、産業廃棄物収集運搬、軽トラック輸送である。

このような規模の事業者が、原価を上回る収入が得られるような事業展開をするには、全ドライバーが基本的にはどんな仕事もできて、1人のドライバーが多い日には1日3台のトラックを乗り換えて乗務するような事業展開をしなければならない。同社の場合には、1回の配送距離が短く、帰り荷もほとんどないという条件にある。1回だけの仕事では労働時間も短い。そのような中で原価を上回る売上を確保するために1番必要なのはドライバーの質、つまり現場力だという。

たとえば、量販店の店舗には24時間営業の店もあり、24時間営業店舗への配送車が納品後にセンターにもどって通常の時間に開店する店舗に配送する、といった形で1日2回転させたりしている。また、冷凍・冷蔵商品を引き取って問屋などに納品する仕事や、昼ごろからアイスクリームを配送する仕事などもある。これら各種配送の仕事と、1次配送やデバニング、蔵入れなどの様ざまな作業を、ドライバーの空き時間とどのように組み合わせるかが収益性を左右する経営のポイントになっている。

同社の所定時間は2016年当時は7時間30分で、給与には深夜手当や残業代をつけている。そのような条件で、原価を上回る売上をどのように確保するかは、各種の運送業務と各種の作業をいかに上手に組み合わせるかにかかっている。

たとえば、配送業務の場合、朝早く出社するが配送業務を終えて帰社する時間も早く、昼前後に帰ってくるドライバーもいる。このようなドライバーは、次の輸送配送の仕事をするのだが、同社は全体的に走行距離が短いため、1人のドライバーが、多い日には3台のトラックを乗り換えて乗務することもある。

また、配送が終わって昼ごろに帰り、次のトラック乗務の仕事がない場合、デバニングや蔵入れなどの作業に従事する。軽トラックはスポット的な仕事への対応と同時に、配送業務が早く終了したドライバーが、次の作業をする場所まで移動するための移動車の役割も果たしている。このように同社では、トラックの乗務と諸作業を組み合わせて労働時間、売上、賃金などを調整するようにしている。

だが、それだけではない。配送業務が早く終了したドライバーがデバニングや蔵入れ作業に回ることで、作業時間を短縮することができる。これも同社の「売り」の1つだ。人数が多ければ作業が早く終わり、トラックの回転も良くなるからだ。

あるいは荷主の物流センターなどでドライバーがピッキングを手伝うこともある。ドライバーが待機している時間も拘束時間になる。それならピッキングを手伝ってパートの人数が少なくてすむようにする。あるいは労働時間を短くして削減した人件費の半分を荷主から支払ってもらった方が良い。拘束時間を有料時間に転換するという考え方である。

■数年かけてベースアップして県内の全産業平均なみを実現

このようにF2社では工夫した事業展開をしているが、ドライバーの賃金が低かった。たしかに所定労働時間は7時間30分と短い。8時間働けば30分の残業代がつく。だが、残業時間は多い人でも月間20時間程度である。つまり、残業も少なく、賃金ベースが低ければ収入が少ない、ということになる。そこでベースアップが大きな課題だったのである。

このようなことから年間の人件費総額を2年続けて300万円ずつ増やし、さらに2016年度では年間1000万円増の予算を組んだのである。

同社の賃金は職能給（能力・勤続年数）、年齢給、管理者手当（主任・課長・部長）、家族手当、交通費からなっている。

このうち職能給+年齢給が基本給で、基本給×12カ月÷2085時間で時給を計算し、この時給に残業割増を加えたものが残業代となる。

年間1000万円の人件費アップは、職能給の賃上げである。家族手当の見直しも行い、家族手当は従来の半額にした。その減額分は職能給で補い、妻帯者も独身者もベースアップになるようにした。

さらに、計画的なベースアップを2、3年続けて県内の全産業平均水準ぐらいまで賃金を上げていく。このような計画的なベースアップの背景には、ドライバーをはじめ人材の確保が難しくなっているという状況がある。人材の確保には賃金その他の待遇改善が重要だという認識があるからだ。

だが、賃金を上げれば法定福利費も増加する。売上が増えなければ利益が減るという関係にある。ところが同社ではこの間、逆に利益が増えてきたのである。最初は、人件費をアップしたら赤字にならないかという心配があったが、プラス・マイナスでゼロなら良い。赤字にならなければ、利益がでなくても良いと覚悟を決めたという。

そうはいっても、原資を増やさなければならない。そこで運賃値上げも複数年計画で取り組むことにした。普通なら売上増加の見通しがあって賃上げをする。だが同社では、賃上げを先行してから、運賃値上げ交渉に取り組むような形にした。「土俵際まで追いつめられないと、運賃値上げ交渉にも迫力がでない。赤字になって切羽つまらないと真剣さが伝わらない」と腹をくってベースアップを先行したのである。

同社には取引額の多寡はあっても、30社ぐらいの取引先があり、それぞれに取引の歴史や経緯もあるので時間をかけて交渉していくという戦略を採った。

ところで、収支はゼロでも良いと覚悟したのだが、2016年度では利益が300万円ほど増えた。300万円の年間人件費金額の増額をはじめて実施した3年前と比べると売り上げも2000万円ほど増えている。

その理由は、いわば「賃上げ効果」だ。賃金アップと同時に、管理職に責任を委譲してモチベーションが上がり、作業効率などが向上したのもその理由の１つである。従来なら人数的にムリと断っていたような仕事も、積極的に請けるようになったことも大きい。さらに、紹介で入ってきたスポットの仕事から、レギュラーの仕事につながるなど、仕事も拡大してきたのである。モチベーションという点ではドライバーも同様である。仕事に対する意欲が違ってきた。

それらの努力の結果、２０１９年４月からは１日の拘束時間を８時間、そこから１時間の休憩時間を引いた７時間を実労働時間にした。さらに賃金も残業を含まない固定給の年収平均で、同県の全産業平均を若干上回る水準にまで引き上げたのである。

繁忙期の食事提供や社員食堂

社員満足や社員幸福の向上を経営方針に掲げる事業者が少しずつ増えてきた。あえて言えば社員満足度は賃金や労働時間など量的な充足感といえる。それに対して社員幸福度はやりがいや生きがいなど質的な充足感である。別な表現をすれば前者が物理的な満足に対して、後者は精神的な満足ともいえる。

社員満足度の向上の１つとして、食事の提供などを始める事業者が増えてきた。

運輸事業やパッケージ事業などを行っているG2社は、「社員を守る経営を目指す。社員がこの会社で働いていて良かった、と思うような会社にしたい」と考えている。パッケージ部門では、ブライダルの引出物などのギフト品の流通加工や包装などの作業を行っている。オンデマンド印刷機も備えていて、ギフト商品につける熨斗紙などの印刷もしている。同社は保有車両数が30数台で、従業員数60数人（パートを含む）で、そのうちドライバーは保有車両数と同じという規模である。

■繁忙期の炊き出しや月1回のカレーの日など各社各様の工夫

G2社では、経営や教育のコンサルタントと契約して会社のレベルアップに努めている。コンプライアンス面では、毎月1回、外部の第三者に委託して監査をしてもらい、法令順守の面で何か指摘があればすぐに直すようにしている。コンプライアンス面で第三者に委託して定期的に監査をしてもらっている中小事業者は少ないのではないだろうか。チェックしてもらう項目は、適正化実施機関の指導項目に独自の20項目をプラスした内容だ。Gマークの認定を得ると4年間は適正化実施機関の指導が入らない。これは逆に危険だという認識である。

同社のユニークな点は、年末などの繁忙期には「炊き出し」をすることだ。毎年12月の第2週ぐらいから、トン汁、切り餅、ミカンなどをドライバーの休憩所においておく。独身のドライバーなどは喜んで食べているという。

運送業ならどこでも同じだが、暮れや年度末などは荷物も多く、時間に追われて忙しい。精神的にも余裕がなくなり、職場もギスギスしがちだ。だが、人間はお腹が満たされていれば悪いことは考えない、という発想である。

同社では、ムリをして規模拡大をするつもりはないが、将来は保有車両数を100台ぐらいまで拡大したいと考えている。それは、あくまで社員の満足度の向上が目的だ。満足度には量と質がある。量は給与などであり、業界水準以上に引き上げられるように努力する。質はやりがいや喜びなどである。繁忙期の炊き出しもこのような考え方の一環という。

従業員の待遇改善の一環ということでは、月1回「カレーの日」を設けている事業者もいる。保有車両数約30台、従業員数約60人（パートを含む）という規模のH2社だ。

カレーの日はその月の曜日配列などを考えて、毎月15日から20日までの間に設定するようにしている。この期間が比較的手を割きやすいからである。同社には本社営業所の他にも事業所があり、日にちをずらして本社と事業所の2カ所でカレーの日を設ける。

同社の社長は女性で、ほとんどは社長がカレーの準備をする。そこに事務所勤務の女性の人たちが最終段階を手伝うという方法である。できるだけ社長は表面に出ないようにして、全社的な取り組みという形をとっているようだ。カレーの日は、作業や事務の人たちは昼に、ドライバーの人たちは帰社してから希望者が食べる。

カレーの日は第1段階で、同社ではいずれは社員食堂をつくり、また社内保育園も開設したいと考えている。作業を担当している女性の正社員の1人が保育士の資格を持っているので、そのような有資格者のポテンシャルを発揮できるようにすることも、企業力の向上である。

■自社の条件にあった各種各様の「社員食堂」のありかた

20年近く前から日曜を除く毎日、社内食堂を続けているのは、保有車両数が40数台で従業員数が60人弱というI2社だ。食堂を始めたそもそもの理由は、「コンビニの弁当だけでは飽きるだろうしお金もかかる。それに健康にも良いとはいえない」というものであった。

月曜から金曜は毎朝、調理師に来てもらう。土曜日は同社の専務（フランスで修業したシェフで、専門学校で教えたり一流ホテルでも働いていた）が料理を作る。

メニューは飽きないように日替わりで1食200円。ドライバーの希望者には朝の点呼時に手作りの弁当を渡す。冬場はランチジャーに入れて暖かい味噌汁も飲めるようにしている。倉庫担当者や作業員、事務職の希望者は昼に食べる。決算書の中の「賄い費」を見て金融機関の人たちも驚く、という。

一方、そこまで本格的ではないが、24時間いつでも食事ができるように「プチ社食」を導入したJ2社もある。

このプチ社食というのは、30日間ぐらい保存がきく冷凍パックのご飯や各種総菜を冷凍庫に入れておき、従業員は1パック100円で購入して、24時間いつでもレンジで温めて食べることができるというものだ。

これは業種にかかわらず、中小企業でも可能な「社食」として、そのようなシステムを提供している会社と提携して2018年8月から始めたもので、24時間オープンの完全セルフ社員食堂といえる。深夜や早朝に発着する事業所では、ドライバーの都合に合わせて食べることができる「社食」は利便性が高い。会社の帰りにコンビニに寄って弁当を買い、帰宅して食べるという人などにとっては、メニューも様ざまなので喜ばれているという。

また、2018年12月から、毎週月曜日に100食もの弁当を仕入れてドライバー、パート従業員、事務職員に無料で支給し始めたのがK2社だ。これも社員満足度を向上する方策の一環というが、これから先もさらに発展的に継続していくために、もっと良い方法がないか検討しており、先述のJ2社と同じセルフ「社食」のシステムをとり入れた。

自社では食事提供などはしていないが、近くの同業者が手作りの食事提供をしていてその事業者の定着率が良い、と証言する事業者もいる。このように食は従業員の定着率に関わる大事な要素の1つである。

健康経営優良法人や安全衛生優良企業

社員の健康管理や安全衛生面に力を入れる事業者が増えてきた。ここでは、まずは健康経営優良法人について説明し、安全衛生優良企業については後述する。

大企業は当然としても中小企業でも健康経営優良法人（中小規模法人部門）の認定を受ける企業が年々増加している。

トラック運送業界でも2017年度に認定を取得した中小事業者は数社（筆者の業種判断による）に過ぎなかったが、2018年度には30数社（同）に増え、さらに2019年度は3桁（同）になっている。

この認定制度は経済産業省（日本健康会議）が進める健康増進の取り組みの一環で、健康経営を実践している優秀な法人を顕彰して「見える化」を図るものである。従業員や求職者、取引先、金融機関などからの社会的評価を高めるのが目的だ。

認定には大規模法人部門（ホワイト500）と中小規模法人部門がある。大規模法人部門は審査が相対評価なので、認定を得るのはなかなか難しいようだ。認定企業数を増やすよりも、全体的なレベルアップを図るという狙いからといわれている。それに対して中小規模法人部門は絶対評価で、要件を満たせば認定を得られる。

健康経営認定の有効期限は1年で、継続するには毎年更新しなければならない。

■健康診断などを重視してきたが再検診が減らずさらに踏み込む必要が

まず、2017年度から健康経営優良法人の認定を受け、その後も更新している数少ない事業者のケースをみることにしよう。

この事業者の1つであるL2社は、フローズン、チルドを主体に一部はドライ（マヨネーズなど）も含めて、取扱商品は食品関係が100％である。一般運送の他に利用運送、保管、梱包、ピッキング、仕分けなどの事業も行っている
保有車両数は2t車からトレーラまで計130台で、一部はドライもあるがほとんどの車両が冷凍・冷蔵車である。数年前は150台以上の車両を保有していたが、ドライバー不足もあり、車両の代替え時期に荷主と運賃交渉して採算の取れない取引先からは撤退し、減車してきた。

従業員数は正社員が約150人。その他、パートなどの非正規雇用の従業員が20～100人いる。これはギフトセンターの業務を受託していて、季節波動により増減するからである。

運送業務の内容は、長距離輸送が10台程度で、その他は近距離の業務である。工場から出荷してスーパーの物流センターへの輸送業務を行っている取引先もあれば、問屋や営業倉庫、大型の業務スーパーへの納品などもある。したがって、労働時間などコンプライアンスの面では問題が少ないという。

一方、食品といえども人口が減少してくれば市場は縮小せざるを得ない。当然、運送事業者の淘汰も始まる。そのような中でいかに勝ち残っていくか。その方策は様ざまあるだろうが、中でも大きな要素の1つは人材だ。労働力が確保できなければサービスが提供できない。労働

力の課題は2つある。1つは、現在の自社の人的資源のポテンシャルを最大に引き出すこと。もう1つは、新たな人材をいかに確保することができるかである。

その点、健康経営優良法人はこの2つを同時に満たす要素を持っているともいえる。

同社では以前から万全の状態で働いてもらえるように、従業員の健康管理を重視し、健康診断に力を入れてきた。10数年前からは1月と9月の年2回、レントゲン車に会社まで来てもらうようにもした。しかし、それでも要再検査の人数が減らないため、何とかしなければいけないと思っていた。そのようなときに、社内から社長に健康経営優良法人申請の提案があったので即断したという。

また、約8年前に「くるみん」マークを取得している。これは厚生労働省が子育てサポート企業として認定する制度である。子育てを支援することは働きやすい職場づくりの一環である。子育て支援が必要なのは女性だけではないが、女性活用の促進になることはいうまでもない。さらに健康経営優良法人は定年を過ぎた高齢者も活用し戦力になってもらいたい、という思いを実現することにもつながる。

■「治療」から「予防」への具体策に次つぎ着手する方針

前述した労働力の課題の内の1つである人材の確保の面からみて、健康経営優良法人は新卒採用活動においても、生徒や両親、就職担当教諭などに好印象を与える効果が期待できる。

健康経営優良法人の最初の申請時にもそれほど難しいハードルはなかったようだ。このような経緯でL2社は、2017年に健康経営優良法人の認定を取得した。

では、健康経営優良法人認定の効果はどうだったのだろうか。「対外的には認定取得を知った取引先などからは好反応があった。また、高校などへの採用活動でも強いアピール材料になっている。社内的には年2回の健康診断が100%になった」という。

また、2018年度からは、それまでは治療だったが、これからは予防に力を入れていくという方針を打ち出した。そして、日本健康生活推進協会の「日本健康マスター検定」受験に社長自らが挑戦するなど、企業としての姿勢を明確に示すようにしている。

「予防」に力を入れていく方策の1つとして禁煙があり、施設内は禁煙にしている。そのため従来は休憩室イコール喫煙室だったが、休憩室をトレーニングルームに改装。トレーニングルームなら健康づくりには最適だ。また、どの程度の設備を整えるかにもよるが、金を払ってわざわざスポーツジムに通うこともない。

これらと併せて、禁煙外来の費用補助も行っている。言うまでもなく禁煙外来は医師と一緒に禁煙に挑戦するものである。費用の補助と同時に必要なのは、従業員の家族も巻き込んで理念を具体的な形にすることだ。

健康経営は費用対効果という面では定量的な判断がなかなか難しい。だが、従業員の心身両面における健康管理は、これからの経営には重要な要素になってくる。

人材募集のアピールになり、求職者の側からすると応募を判断する材料の1つになる。さらに社員満足度や社員幸福度も高まり、従業員の定着率の向上にも寄与するだろう。これからは定年後も戦力として力を発揮してもらうことが必要になるが、そのためには健康が必須の条件だ。

もちろん心身両面における健康は安全運転の面からも重要である。とくにトラック運送事業においては、健康な体は当然だが精神的な安定というメンタル面も安全運転に大きく影響する。そのような意味においても、従業員だけではなく、その家族も含めた取り組みは精神的な安定の面でも必要なことである。

■安全衛生優良企業も健康経営優良法人もドライバーからの提案がきっかけ

2018年10月に厚生労働省の安全衛生優良企業の認定を取得したというM2社がある。同社は、2017年度以降、健康経営優良法人（中小規模法人部門）の認定も取得している。

安全衛生優良企業認定の基準は、過去3年間に労働安全衛生関連の重大な法違反がないなどの基本事項に加え、労働者の健康保持増進対策、メンタルヘルス対策、過重労働防止対策、安全管理などの分野で積極的な取り組みを行っていることが必要になる。

具体的には安全衛生活動を推進するための取組状況、健康管理の取組状況、メンタルヘルス対策への取組状況、受動喫煙防止対策の実施状況、安全でリスクの少ない職場環境の整備の取組状況などである（当該評価項目は「製造業等」だが、労働安全衛生施行令では運送業も「製造業等」に含まれている）。

同社はそれ以前にも、２０１６年には「あんぜんプロジェクト」に参加、「がん対策推進企業アクション」登録、全国保険協会（県支部）「生き活き健康事業所宣言」登録など、積極的な取り組みをしてきた。

なぜ、安全や健康などの取り組みに力を入れているのか。

同社は取材時点で保有車両数は約35台で従業員数も同じ、そのうちドライバーは31人である。この車両数とドライバー数の差は、ドライバー採用に先行して増車したことによる。

取扱荷物は、電子・電気部品、空調機器関連部品、板金部品、農業資材、その他である。取引先はメーカーや同業者を問わず、長続きするような仕事をやっていくというのが同社の方針である。行きの荷物は地元発がほとんどで貸切契約が主だ。

経営には人・物・金のバランスが重要で、欠けている部分は埋めていかないといけない。現在あるもので何ができるか。会社は組織だが、それには人が必要だと考えた。

同社で健康経営優良法人（中小規模法人部門）や安全衛生優良企業の認定取得などに中心的に関わってきた担当者によると、同業他社と同じようなごく普通の事業展開の中で差別化を図るのは人であり、つまりはその人たちの安全や健康などということになる。

そこで、ドライバーと話すように心がけ、その中で事故を無くしていくことから出発した。

まずは、職場環境を改善するために掃除から入った。担当者が最初は1人で、毎日、社内を掃除して回った。ごみのたまりやすい所を書面化したり、デジカメでも写真を撮るようにした。ごみ掃除を続けていると、ドライバーの心理にも変化がおき、帰ってきてから自分たちで自主的に安全について話し合うような場面も見られるようになってきた。

このような社内の変化は予想を超えることだったという。

その後の様ざまな取り組みも、アプローチはドライバーたちからだった。トラック協会が主催する各種セミナーは管理職が受講することが多い。だが、セミナーで学んだポイントは、テキストや資料などから抜粋して全員に見せる（伝える）ようにしている。そのようなことを繰り返しているうちに、ドライバーが資料を見て、これはどういうことかと質問してくるようになったのである。そのうち、管理職だけではなくドライバーも交代でセミナーなどに出席させるようにした。

そのような中で、２０１６年の安全プロジェクト参加はドライバーからの発案だったという。２０１８年10月に認定された安全衛生優良企業についても、大手荷主に入っているドライバーが現場の安全をどうすべきかを荷主の担当者などから聞いてきたのがきっかけだった。

作業手順書の作成は自分たちが独学でやってきた。社内でやっていたことがどの程度のレベルなのかを確かめるためにも、客観的品質（第三者の認定や認証制度）は役立つ。もちろん、安全衛生優良企業の認定を取得するためには、陸災防などが主催する安全衛生レベルアップ文援事業にも参加した。

話は前後するが２０１７年から認定された健康経営優良法人（中小規模法人部門）について、同社では社内に安全などに取り組む４部門の担当者がいる。この担当者は安全などについての知識を持ったドライバーたちで、交通担当３人、荷役担当３人、環境保全担当６人、安全衛生担当３人である。この４部門が毎月、安全衛生行動目標を設定する。４部門から目標を出してくるので４つの目標となる。その月の４つの目標に対して、自分はどうだったかを全ドライバーが毎月末に報告書を出すことになっている。

具体的項目は、距離、燃料、出勤稼働日数、道交法違反があったか否か、洗車回数、清掃担当カ所（５カ所）の清掃に月何回参加したか、などである。これらの行動目標に対して、自分が実施した内容、また、どのように取り組んだかなどを報告する。その報告に基づいて各担当者が達成率を算出する、という仕組みだ。このように社内での安全向上などの取り組みを進めてきた。従業員の健康についても通常の健康診断以外に、生活習慣病についても取り組みをしている。そこで協会健保に相談に行ったら、健康経営優良法人（中小規模法人部門）の認定もクリアできると奨められたのである。

ちなみに同社では、31人いるドライバーのうち５人が運行管理者の資格を取得している。

スポーツに力を入れる事業者が増加

最近は従業員の健康管理に力を入れる事業者が増えてきた。

過日、N2社の営業所を訪ねたところ、事務所の入り口の正面の部分がマッサージ室（カーテンで仕切っただけだが）になっていた。聞くところによると、この会社の別の大きな事業所には専属のマッサージ師がいて、予約制でドライバーがマッサージを受けることができるのだという。筆者が訪ねた営業所では決まった曜日にマッサージ師が巡回してくるのだという。

また、従業員の定着と社員満足度の向上に努めているO2社は、その一環として、２０１７年9月に社内にトレーニングジムを開設した。なお、同社は２０１９年2月に健康経営優良法人（中小規模法人部門）の認定も受けている。

同社のジム開設の経緯をみると、最初は従業員の何人かが自発的にトレーニングしていたことが発端のようだ。ドライバーは1日のほとんどの時間を車に乗って運転しているため、健康管理に努め、不健康に起因する事故を防ぐことは業界の課題の1つでもある。そのため、経営側でも「定期的な健康診断などの他に、何か健康に良いことはないか。また、会社から押し付けるのではなく、各人が主体的に取り組んでボトムアップするにはどうしたら良いか」と考えていた。

そんなとき、会社で使っておらず物置のようになっていた部屋で、自主的にトレーニングをしている人たちがいた。そこで、同社はその人たちの自主性を活かそうとしたのである。自主的にトレーニングしている人たちに呼び掛けて、物置小屋同然になっていた部屋を自分たちでかたづけて整備し、器具も自宅で使っていたりするものを持ち込んでジムにしたのだ。すると利用者が増えて、ドライバーたちの健康に対する意識が自然に高まってきた。

そこで会社も予算を取り、鏡をつけたり器具を購入したりして資金援助するようにしたのである。

従業員の人たちも、何よりも自分たちでつくったジムという気持ちが強いので、利用者が増えてきた。その結果、安全向上や事故防止とまではいかないが（定量的には判断できない）、健康に気をつかうようになってきた。今では、ジムで健康に起因する事故に関する勉強会なども開くようになっている。

その他にもこれまで直接取材してきた中には様ざまな形でスポーツに力を入れている中小事業者が多数あった。ボーリング部があり県大会では常に上位に入っている事業者。軟式野球部、サッカー部、ソフトボール部、9人制バレーボール部、ゴルフ部、その他である。中には本社の地下が剣道場になっている会社もあった。

このように従来からスポーツに力を入れている中小事業者はあったが、ここにきてさらに、そのような事業者が増えつつある。これは、従業員の健康管理とも関連するが、スポーツに力を入れるようになった事業者は、従業員の健康増進と共にリクルートも目的の1つにしているようだ。

たとえば、営業所の敷地内に剣道場を建てて2019年4月に道場開きをしたP2社が剣道部を創部したのは2017年だった。創部して間がないが約2年間で7名が剣道で入社し、さらに2019年4月には剣道で入社した新卒が大卒、高卒合わせて10人（そのうちの4人は女性剣士）おり、道場開きの時点では17人の部員になったという。同社では今後も剣道部に力を入れていき、実業団の大会でも活躍できるようにする計画だ。

■毎日のラジオ体操の実践から社内マラソン大会まで各社各様

そこまで本格的ではなくても、様ざまな形でスポーツを取り入れて「企業文化」にしていこうとしている中小事業者はいる。

2019年度に健康経営優良法人に認定されたQ2社は、日常的な健康管理の一環として、10年ほど前から毎朝、朝礼前に朝礼に参加できる人が全員でラジオ体操をするようにしている。時間になったら音楽を流して、その間にみんなが集まってくるのだという。

また同社では、従業員によるバレーボールやソフトボールのチームの活動にも力を入れている。現在のところ本社所在地が中心だが、バレーボールでは地域の大会などに参加。また、ソフトボールでも地域リーグに登録していて、現在はB級リーグ所属という。ソフトボールでは、

２０１９年に初めてグループ対抗の大会を5月に開いた。

さらに徐々に地域に定着しつつあるのが、同社が２０１１年から年1回開催しているマラソン（５㎞走）大会だ。これは毎年1月に開催するもので、２０１９年1月の第3日曜日には第8回大会を開催している。

このマラソン大会を始めたきっかけは、みんなが参加できるスポーツはないか、と考えたことだった。走ることなら速い遅いや得手不得手はあるものの誰でも参加できる。また、個人競技で特別な道具やユニフォームなどもいらないし、専門的な訓練や練習をしなくても走ることならできる。

そのようなことから２０１１年に第1回のマラソン大会を開いた。参加者は従業員やその家族で約30人だった。1回目から第6回までは本社の近くの運動公園から会社までの５㎞で競走した。だが、年々参加者が増えてきたので、２０１８年の第7回大会からは会社をスタート・ゴール地点として近隣をぐるりと回って戻ってくる５㎞のコースに変更した。

コース変更前も、もちろん道路管理者や警察に事前に届けて許可を取っていたが、参加者が増えてくると道路事情などもあって同ルートでの開催が難しくなってきたために、なるべく歩道のある道路でコースを設定するようにしたのである。

第8回の参加者は１７０人にも増えてきた。マラソン参加者は従業員やその家族のほか、協力会社、金融機関やトラックのディーラー、荷主企業の人たち、さらに地域から一般の参加者もあった。とくに金融機関の人たちは50人近くも参加し、荷主関係者も15人ほど参加したという。また、コインランドリーに参加者募集の案内を貼りだしたところ、それを見て地域の一般の人も参加したのである。

このように年々参加者が増えてきたことは、マラソン大会が地域に定着しつつあるという意味では喜ばしいが、一方で健康増進のために従業員が誰でも参加できるようにという初期の目的からは少し逸れてしまう側面もでてきた。

参加者が多くなるにしたがって、従業員はサポート役に回らなければならなくなってきたからだ。道路での交通整理要員なども必要である。

さらに、大会の開催費用についても年々増えてきてしまっている。マラソン参加の従業員は別だが、サポート役の従業員には出勤手当も払わなければならない。マラソン参加者への食事提供も含めると100万円を超えるという。食事提供はおにぎりと豚汁である。豚汁はサポート役の従業員でつくるが、おにぎりについては2019年から購入して提供することにした。昨年までは従業員が握っていたのだが、2019年は500個も握るのはとても大変ということで購入することにしたのである。

また、R2社は、従業員のスポーツ活動は健康増進や、ひいては働き方改革にも関連してくる、という認識を持っている。

そこで同社では、従業員のスポーツ活動も奨励し、マラソン同好会の大会参加費用を補助している。マラソン同好会は地元の駅伝大会などにも出場していて、ユニフォームには英文表記した自社名の一部と合わせて「〇〇RUN」と入れている。

マラソン同好会の他にも軟式野球部があり、こちらも大会に出場する際には費用補助をする。この野球部は昔からあって地域の大会などに出ていたが、最近は野球をやっていた人たちが新卒で入ってくるようになってきたという。とくに会社から要請しているわけではないが、部員が自分の出身学校の野球部の後輩に入社を奨めているからだ。

第3部

原資確保の先進事例

働き方改革のためには
原資が不可欠！

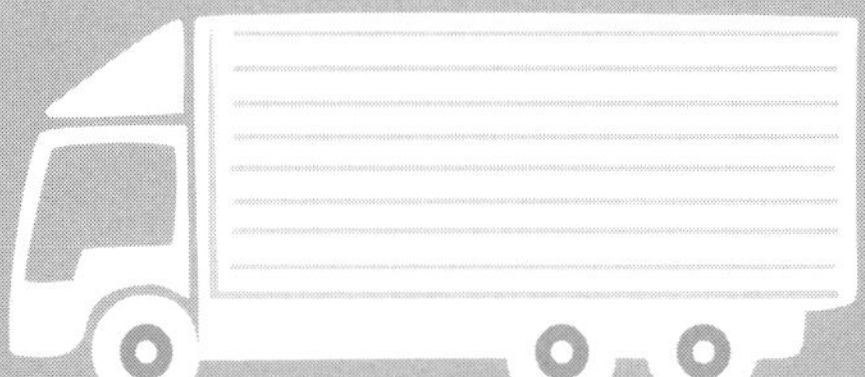

第３部のポイント

働き方改革には、それを可能にする原資が必要だ。だが、この原資の確保が大きな課題である。そこで働き方改革に必要な原資の確保に工夫している事業者をリポートした。

勤続年数の長いドライバーには適正なペースでの賃金上昇やキャリアパスを示して生活設計が描けるようにしないといけないと気づいた中小事業者。ベースアップを可能にする独自の物流サービスを創造し、計画的に取引先を見直してきた事例などを紹介。

可能な限りの賃上げなど待遇改善を図るために戦略的に運賃改定に取り組んだり、長期間にわたって取り引き先との交渉をしてきた事業者の事例から学ぶ。

原資の確保には、当然、取引先との交渉が必要だが、原資の確保に成功している事業者に共通しているのは、①経営者が不退転の決意を持つこと、②交渉のためにデータを示して具体性、説得性を持たせていること、③取引先ごとに内容や交渉の仕方を変えて計画的、戦略的に交渉していること、④機械的に自社の要望に当てはめようと交渉するのではなく、交渉の過程では柔軟に対応して実質的な交渉成果を得ていること、⑤それでも妥協点が見いだせなければ取引から撤退する覚悟で交渉に臨んでいること、などである。

そのためには主体性がないと交渉できない。また、具体的な要望は各社各様であることなどを認識することが必要だ。他社の単純な真似事では成功しないのである。

本書の最後に、保有車両数が10台規模で、特定荷主との取引がほぼ１００％という中小事業者が、要望項目ごとに荷主と交渉して原資の確保や労働条件の改善を実現している事例も紹介して、読者の参考に供することにした。

❶ 改革には適正な売上拡大が必要

適正な成長と働き方改革に必要な生産性向上

ピーク時には30台を超えていた保有車両数を約20台まで減らしてきたというのがA3社だ。この保有車両数の縮小は、採算の取れない取引先から少しずつ撤退してきた結果だ。規模よりも内容重視の経営に転換したのである。当然、減車に伴って売上高も減少してきた。だが、利益率は高くなり、財務内容も良くなった。資金繰りなどの苦労もなくなり、経営者は楽になってきた。

だが、経営者はある時、フッと気づいたことがある。規模より内容という経営方針はオーナー経営者である自分の自己満足ではないだろうか？　社長の自分はそれでよいかも知れないが、従業員にとってはどうだろう。従業員は満足なのだろうか。

売り上げ規模が小さければ、利益率が高くて労働分配率をどんなに高くしても、賃金の絶対額には限度がある。ある水準までしか賃金を上げることができない。20歳代前半で入社したまじめなドライバーの10年後の賃金水準は、さらに20年後は、と考えると従業員を満足させることができるだろうか。まして労働時間の短縮などを進めるには、さらに従業員が必要になる。すると賃金水準に限界がきてしまう。

キャリアパスもそうである。何十億円という売上規模ならば、現状維持でもローテーションでしかるべき役職につけることができる。だが、20台規模で単純再生産していては、経営者の自分は良いが、従業員は定年まで働いていても役職につくことはできない。賃金水準も然りである。つまり、自分の会社にいては、若い従業員が生活設計を描けないということに気づいたのである。

そこで、この経営者は適正な成長率で企業規模を拡大していく経営計画を立て、その実現に向けて取り組むことにしたのである。

このように働き方改革を進めるためには、適正な規模拡大が伴わないといけない。

それと併せて、生産性の向上も必要である。

■共配と短時間貸切を組み合わせ生産性向上

ここ4年ぐらいドライバーが1人も辞めていないし、6年以上ドライバー募集をしていない（取材時点）というB3社がある。

同社はある中堅飲料メーカーの物流を一括して受託し、その製品をベースカーゴに、他の飲料商品を積合せて共同配送している。この共同配送は早朝に出発して午前中には終わるので、その後に1時間から1時間半ほどの近距離輸送の貸切契約の荷物を組み合わせたりすることで、生産性の向上を図っている。

当該荷主の荷物をメインにした物流センターを開設した目的は、飲料の原材料センターならびに容器、その他の資材センターとしての役割であった。それ以前は、原材料や容器などの資材は購入先から荷主の工場に直接納入されていた。それを、納入会社から同センターに一括納品させるようにし、毎日必要な量をセンターから工場に供給する仕組みを提案して採用されたのである。ここは、同時に空きビンの回収基地でもある。

なお、原材料や資材の納品の仕組みを変更するに当たっては、荷主が仕入れ先に対してコンペを実施した。コンペの参加企業は、長年の仕入れ先は当然だが、未取引の会社にもコンペへの参加を呼び掛けた。コンペの結果、納入方法の変更に伴って、仕入れ先の一部企業が入れ替わっている。

実はこのコンペの開催を提案したのはB3社で、コンペ参加企業のプレゼンテーションの審査には同社の社長も加わっている。つまり荷主の仕入れ先を選定するコンペを運送事業者が提案し、納入業者の選定過程にも参画したことになる。

さらにその後、同センターから出荷する飲料製品の小口配送網に、他の荷主の中小ロット貨物を積合せて配送するようにした。共同配送のそもそものきっかけは、ある飲料メーカーが大型車で幹線輸送してくるが、それから先の中小ロットに仕分けての配送で困っていたことだった。そこで同社の物流センターで中小ロットに仕分けて、ベースカーゴの飲料製品の配送分と積合せて共同配送するようにしたのである。

さらに同社は、メインの取引先の製品の全部を、工場からセンターに横持ちし、同センターから全国に出荷する体制に移行した。このような経緯で現在ではメインの取引先の飲料製品は総てB3社のセンターから出荷している。

また、同センターから直接配送するエリアでも、メインの飲料は夏場の出荷が多く、積合せる他の荷主の飲料は冬に出荷が増えるという繁閑の組み合わせも合理的だ。荷物の波動がちょうど逆で、しかも納品先が共通する。

納品先が共通する商品ということでは、同センターから共同配送する商品が年々拡大している。荷主2社の積合せをベースに、たとえば2次受注の契約ではあるが、その他の商品も積合せて同一納品先に共同配送するようになってきた。自車両以外の配送エリアでは、専属傭車契約でそれぞれエリア別に担当事業者に委託しているが、いずれもベースカーゴとの積合せによる共同配送である。

これらの共同配送は早朝に出発し、午前の比較的早い時間に納品する。そこでB3社ではベースカーゴの積合せ配送に、さらに近距離（短時間）の貸切の仕事を組み合わせて車両の稼働効率を高めている。

たとえば、短時間貸切の取引先の1つをみると、いずれも1時間から1時間半の仕事で、2t車が9000円、4t車が1万円などとなっている。このように車両の稼働効率を高め、生産性の向上を図っている。

独特なドライバー採用と柔軟な乗務ローテーションで極めて低い離職率

このようにB3社では、荷物の多様な組み合わせによって、車両1台当たりの収入を上げるような運行をしている。これは自車両に限らず専属傭車に対しても、荷物の組み合わせによって車両の稼働効率を高め、相場よりも高い傭車運賃を支払うようにしているという。

同社の生産性向上への取り組みの1つに、共同配送のベースカーゴや積合せる他の荷主の荷物の仕分けで、仕分け作業専従者が1人もいないことが挙げられる。同社では、早く帰ってきたドライバーが仕分け作業も行っているのである。メイン荷主以外にも荷主が6社あり、それぞれのアイテム数が約100ずつ、さらに納品先のプライベートブランド商品も約100アイテムある。だが、誤仕分けがほとんどないという。

もちろん夜間にセンターに持ち込まれてくるような商品の仕分けは、夜間仕分けの専属者が2人いて担当している。この2人は定年退職したOBが、嘱託契約で行っている。

また、労働時間を平準化する取り組みでは、同センターは土曜日の20時から日曜日の20時の間は完全に休みにしている。したがって日曜日の共同配送はない。その反面、祝祭日などは稼働するようにして、休日前や休日明けに配送が集中するような波動を平準化するようにした。これはメインの取引先に受注の平準化を要請して実現したものである。

なお、同センターは共同配送の拠点としての役割だけではなく、貸切事業のセンターとしての機能も持っている。

B3社では、「ドライバーを追いかけない運送業を目指す」という考え方である。どのようなことかというと、トラックに専属したドライバーという考え方はしない、ということのようだ。そのため、同社では専属的な配車はしていない。ドライバーは約50人いるが、フルタイムのドライバーは、昔の「運送屋」当時から勤務している55歳以上のドライバーが7人いるだけという（取材時点で）。ほとんどのドライバーは、本人のスケジュールを最優先した勤務ローテーションを組んでいる。中には週1日だけとか、週2日だけといった勤務もあるようだ。明日は3人休むといったようなとき、車両とドライバーをどのように組み合わせるかがノウハウである。

このようなことから従業員の定着率も高く、取材時点で「ここ4年間はドライバーが1人も辞めていない。6年以上ドライバー募集をしていない」という。繁忙期にはドライバーが知り合いをアルバイトとして自主的に連れてきてくれるようだ。

これは同社独自のもので、どの事業者でも可能なわけではない。しかし、多様な荷物を組み合わせることで車両の積載率、実車率、回転率を高めて生産性の向上を図り、原資を確保してフレキシブルな勤務を可能にしている点は参考になる。

ベースUPの前提は独自サービスと取引先の見直し

2014年4月から消費税が5%から8%に増税された。物流の面で振り返ると2013年暮れ、そして消費税増税を目前にした13年度末（2014年3月）の、ドライバー不足によるトラック不足はまだ記憶に新しい。この異常事態に直面して、事業者のみならず、荷主企業においても、ドライバー確保の重要性が改めて再認識された。

この時のドライバー不足による物流サービスの供給不足が、労働時間短縮や賃金水準の引き上げなど、その後のドライバーの労働条件改善に向けた各種の取り組みの契機になった、と言っても過言ではない。

■働き方改革には企業戦略に見合った就業規則や賃金体系が必要

それに先駆けて、2014年1月からドライバー13人に対し平均1万円のベースアップを行った中小事業者がいた。保有車両数13台、従業員17人（車両数、従業員数とも当時）という規模のC3社である。

平均1万円というのは基本給なのでベースアップということになるが、賃金としては平均1万6000円の賃上げであった。このうち6000円は同時に見直しも行った諸手当ての部分である。

従来の手当てをなくしたり、手当てはそのままだが金額を増減したり、新しい手当てを新設したりしたのである。諸手当の再検討は、基本的には独身の若い人の手当ては薄くして、妻帯者など比較的年齢の高い層の手当てを増やすといった諸手当ての見直しである。長年にわたって安心して働けるようにしたのであった。

その当時の同社のドライバーの平均年齢は33歳で、運送業界の中では比較的年齢層の若い企業であった。だが、単純にこのまま推移するとしたら10年後には平均が43歳になってしまう。このようなことから、家庭を持っても安心して働けるような賃金体系を目指したのである。ドライバー職の応募者が増えるような職場環境にすること、また、人材が定着して永年勤務できるような条件を整えることが、賃金体系見直しの目的である。

だが、そのための原資はどうするのかが大きな問題である。同社は商標権を持つ独自のサービスを展開している。同社独自のサービスなので、運賃料金を同社が自分で決定できる。そこで2014年4月からの消費税増を機に、増税分だけではなく運賃料金の値上げも行った。

詳細は割愛するが、同社では「脱下請け」を進め、その一環として2006年6月から独自サービスの営業を開始している。独自サービスの売上の増加に合わせて、まず最初は下請仕事から手を引く方針を立てた。そして２０１３年3月末で下請け仕事を基本的に止めたのである。その結果、２０１３年4月以降は独自サービスの売上比率が90％になった。

その他の10％の売上は、貸切的な契約の仕事であった。だが、貸し切り契約では自社で主導権をとることが難しい。そこで10％の貸切的な契約の仕事からも２０１４年1月末をもって撤退した。独自サービスの４月からの運賃料金値上げを先取りしてドライバーの賃金改定を行ったのである。

また、４月以降は独自サービスに特化して売上拡大に力を集中し、収益性の高い経営を目指す。そのためにも賃金や就業規則などを抜本的に見直して、企業戦略に見合った組織への転換を図ったのである。

❷ 運賃・料金交渉は粘り強く

可能な限りの賃上げのために運賃値上げ

ドライバーの労働時間短縮や賃金アップなどの必要性が社会的にも多少は理解されるようになってきた。この絶好のチャンスを逃すと、運賃値上げや取引条件改善は今後ますます難しくなることが予想される。そうはいっても、もちろん改正標準貨物自動車運送約款の規定通りに機械的に諸料金などが請求できるようになるわけではない。荷主との交渉は相対であり、取引先によって現場の条件も異なる。どの取引先にも一律の内容で交渉できることにはならない。つまり、取引先ごとに交渉の内容や仕方が違ってくる。

だが、運送事業者にとっては、様ざまな工夫と努力によって取引条件を改善し、ドライバーをはじめとする従業員の労働条件を向上させていかなければならないことも事実である。これが業界の直面している大きな経営課題だ。

このような中で運賃値上げ交渉に取り組み、可能な限りの賃金アップを実現しようと努力している中小事業者もいる。

この事業者は、本社の他にもう1つ事業所があり、保有車両数は約30台、パートを含む従業員数は60人弱のD3社である。ここ数年はドライバーが減少して作業員が増加してきた。

運輸部門の業務内容は、地場生産品の貸し切り輸送のほか大手特積み事業者に委託して全国に運んだり、宅配便事業者の拠点間横持ち、繊維関連、医薬品・医療器具、電気部品、精密部品、その他スポットの仕事もしている。

また、ネット通販関連のセンター運営なども行っている。ネット通販関係では、海外の企業が製造した商品を取り扱い、日本国内のユーザーからのオーダーに対する出荷作業などをしている。また、同商品に関しては、地元でのイベント販売などにおける代行販売も行う。さらに、地元の任意団体が行っているカタログ販売（ギフトカタログ）商品の集荷など、特異な仕事もしている。

このように多様な荷物を取扱っているが、事業部門の売上構成比は運送75％、倉庫15％、発送代行や梱包などが10％という割合になっている。

■社長はじめ4人の幹部で週1回会議を開き取引先ごとに交渉状況などを検討

D3社では、２０１７年11月に改正標準貨物自動車運送約款が施行になったのを機に、２０１

8年度には可能な限りの賃金アップをしたいと、赤字にならないギリギリまでも想定して検討した。

同社には2016年から17年の約1年の間に、4人の新人が入社した。男性が3人と女性が1人である。このうち男性の3人は辞めてしまった。同社では車両の改造などは一切認めていないが、車を自由にいじらせてもらえる会社に行きたい、というのが辞めた理由だという。残っている女性はドライバーではなかったが、ドライバーになりたいと中型免許を取りに行っている（取材時点）。

「車を自由にいじりたい（改造など）」という退職理由は論外で、そのようなことを許している会社に行ってもらうしかないが、他の従業員に対しては待遇を改善して生活設計ができるような企業にしなければならないことは事実である。そこで賃上げなど可能な限りの労働条件の改善に取り組んだのである。

賃上げや労働条件の改善には、それを可能にする原資の確保が必要だ。そのためには運賃値上げや諸料金改定などを荷主に要請し、実現するために交渉していかなければならない。同社では社長、営業担当者、2つの営業所の所長の4人で運賃・料金の値上げ交渉に取り組んだ。この4人は毎週月曜日の朝7時から8時まで対策会議を開き、取引先ごとに目標値を設定したり、交渉の進捗状況を確認したりして進めた。

同社では毎日の1運行ごとの収支状況も分かるようにしているので、これらを基に荷主ごとに目標値を設定する。人件費、拘束時間、運送原価、粗利、繁閑比などからトータルで判断して設定するのである。粗利で僅かしか残らないような取引でも、何段階かに分けて荷主ごとに目標値を決めて交渉を進める。

一般的にいって戦略的に新規開拓した荷主は利益率が低い。そこで同社では戦略的に新規開拓した荷主に対しては、実績値データに基づいて交渉するようにした。実績値でみると、一番多い問題点は拘束時間の長さである。とくに取引前の交渉時の話と大きく違うことが多いのが待機時間だ。そこで同社では実績データを示しながら、標準約款が改正されたという話もつけ加えるようにしたのである。

このように交渉をしても最終的にダメなら手を引く。だが、実際に手を引くかどうかは、繁閑比なども考慮したうえでのことだ。

さらに、全取引先に同時に値上げなどを要請するのではなく、戦略的に順番を決めて交渉していくという方法をとったのである。したがって取材時点ですでに交渉が終わっている荷主もあれば、交渉中の荷主、さらにその後に順次要請していく予定の荷主もあった。同社では戦略的に値上げ要請の順番を決めて交渉していくようにしたのである。

さらに、これら運賃や料金値上げ状況の結果を見ながら、2018年7月に賃金改定を実施した。

一方、運賃・料金改定を待たずに改善できるものは2018年4月から実施している。

たとえば通勤手当は、これまで正社員だけだったが、パートにも支給することにした。通勤手当は自動車通勤の人だけではなく、自転車や徒歩通勤の人も距離に応じてを支給するようにした。

また、定年退職者の雇用継続も見直しを図った。これまでは同社の定年は60歳で、本人の希望があれば65歳まで働いてもらっていたが、再雇用の際には賃金を安くしていたのである。それを60歳時点の賃金水準にまで戻した。そして会社が必要とし本人が希望すれば、定年を伸ばし、66歳まで働いても良いことに変更した。さらに、本人との話し合いで月~金の勤務日数が少ない場合には日給制にするが、土曜日出勤などで日数を満たせば月給とした。

運賃値上げや諸料金見直しの交渉に取り組み、さらに継続して進めていくが、取材時点ですでに値上げを実現した荷主もある。

年度が替わる以前の3月請求分から運賃値上げを実現した荷主や、これまで無料だった入出庫作業料を2018年度からは、運賃とは別に請求することになった荷主などである。すでに値上げを了解した荷主で月幾らの固定収入増が見込めるか、さらに交渉中の取引先の値上げ見通しなどを試算しながら賃金アップの金額を検討した。

問題は賃上げ金額をいくらにするか、また、どのような形で上げるかである。

これは運賃値上げによる毎月の固定増収を基に検討することになるが、なかには運賃値上げに応じたものの、荷主の社内事情などもあって他の事業者を探しているような荷主の動きなども察知できる。そうなれば同社との取引はなくなることになるため、このような不確定要素を除いた固定増収を基に賃上げ金額を考えなければならない。

取材時点では、ドライバーやフォーク作業員など正社員には1人1万円ぐらい、さらにパートの時給も少しは値上げする方向で検討していた。ただベースアップをいくらにするかは、残業割増など様ざまな要素も考えて検討しなければならない。

一方、歩合のパーセンテージを上げる考え方もあるが、そうすると部門によって働き方が異なるので一律にはいかない。どのような仕事にも共通する部分で上げられるようにしていくようにしないといけない。

また、D3社では福利厚生などにも今後は力を入れていく方針だ。

長期間をかけて運賃交渉

2016年ごろから運賃値上げに取り組みだしたE3社は、時間をかけて取引条件の改善に努めている。同社は、トレーラから軽トラックまで約50台の車両を保有し、パートなどを含む従業員数は約80人。

一般区域貨物自動車運送事業、自動車運送取扱業、自動車運送代弁業、自動車運送利用業な

どを行っている。取扱荷物は繊維製品、自動車部品、建材、資材、食品、インテリア製品、アパレル、塗料、その他である。これらの荷物の原材料や製品などを取り扱う。

業務内容は倉庫・保管サービスと輸配送サービスに大別できる。倉庫・保管部門では、保管・荷役、受発注代行、PDラベル類の発行、値札つけ、ピッキング、梱包などの一貫作業を行っている。繊維製品では、品質管理などの技術の承認資格も取得して、主に海外から輸入された繊維製品の検査業務なども行っている。

輸配送サービスは、チャーター便、チャーター混載便、小口集配などである。このうちチャーター混載は300kg以上のいわば中ロット貨物を混載して運ぶシステムで、近距離エリア向けの荷物の場合には、自社便で積合せて配達する。それに対して、長距離でも大型車で納品に行ける届け先への中ロット荷物なら自社のベースカーゴに混載して大型車で運ぶ。また、同じ中ロットの長距離でも方面によっては傭車に委託している。

一方、小口貨物の配送は特積み事業者数社から受託して、地元エリアでの共同配送業務を行っている。反対に地元発の荷物に関しては、E3社が荷主から荷物を直接請けるような取引にしている。その場合、荷主が特積み事業者を指定するケースを除けば、自社の裁量で委託事業者を選ぶ。集荷している小口貨物の荷物の約80%は直接取引という。

■ 2016年から値上げに取り組み、貸切・嵩物の積み卸しで2時間以上待機は請求

E3社が運賃値上げ交渉を始めたのは2016年からだ。新規開拓した荷主には最初から新運賃で交渉を進めた。以前ならなかなか取引口座を開くことができなかったような、そこそこの規模の荷主が口座を開いてくれるようになってきたのも最近の傾向的な特徴という。この背景にはドライバー不足の深刻化などがあるようだ。

たとえば、長年にわたってその荷主の仕事を請けていた地元では大手の事業者が、ドライバー不足などから傭車も手配できなくなってきた。そのため、荷主に予定配車ができずに運べないと言ってくるようになり、これまでスポット的な仕事を荷主から受けて運んでいただけだったE3社も、配送方面別にレギュラーで口座を開けるようになったというケースもある。

一方、路線貨物では、昔から特積み事業者数社から配達の仕事を請けて共同配送していた。特積み各社の営業所拠点から遠いため、配送荷物を共同配送していたのである。それに対して地元発の小口貨物の集荷は、特積み事業者を指定する荷主を除くと、80％がE3社の直接取引になっている。

このような取引関係から、業務受託している配送荷物の運賃交渉では、特積み各社が値上げに応じてくれている。だが、E3社が委託する小口貨物は逆に値上げを求められている。それに対し集荷の小口貨物に関しては荷主の約50社が一律で値上げに応じたという。

同社では小口貨物、中ロット貨物、貸切などの取引先の合計が、請求書数で200社ほどある。そのうちの約100社は同業者からのスポット取引で、スポットはその都度、運賃が変わる。それに対してチャーター・や中ロット混載の荷主では、値上げできているのは取材時点では20社程度だった。その理由は、中ロット混載の荷主との交渉を後回しにしていたからだ。中ロットの値上げ交渉は比較的やりやすく、中ロット混載は採算的に余裕があるので値上げ交渉を後回しにしにしていたのである。

中ロットの荷物は、貸切では割高で、特積みからも敬遠される。そのような条件が有利に作用して、事業者側の値段が比較的に通りやすい。さらに混載なので同社の混載差益による収益性が高いことも理由の1つである。

ではセンター管理などはどうか。

センター管理・配送では値上げ交渉が難航していた。それでも配送に関しては話がしやすいが、作業の方が難しいという。ドライバー不足の解消には、人件費アップが不可避なことがだんだん認識されてきたからだ。

また、同じ作業でも物流センター内での作業よりも、運送業務に直結する作業の方が料金値上げの交渉がしやすいという。このようなことで、同社では荷物の積卸しに関しては交渉できていた。納品先での荷卸しに関しては、とくに貸切や嵩物で待機時間が2時間を超えると待機時間料金を請求するようにした。

このように取り扱っている荷物の種類や、ロットの大きさに基づく契約形態のために運賃値上げの状況が異なる。そこで同社では、時間をかけそれぞれに作戦を立てて臨むようにしてきた。

E3社ではさらに収益性の高い経営体質の企業を目指している。収益性を高めてコンプライアンスに力を入れ、人材も確保できるようにしなければならないからだ。

そのため、現在受託している仕事において収益をいかに高めていくかに重点をおいて経営をしていく。特定の取引先への売上依存度も最大で15％以下に抑えるようにしている。

いずれにしても収益性の高い経営にしていくには値上げが必要になるが、その際には人材を確保して安定的サービスを提供するために、人件費を前面に出して交渉していく。

拘束時間13時間で給料がそこそこでは人材は確保できない。とりわけ貸切契約の荷主では、運賃水準がそのままドライバーの給料に直結してくるので、ある意味では分かりやすく、交渉しやすいという。

❸ 交渉には戦略が必要

撤退覚悟で計画的に交渉

近距離輸送、中距離輸送を主な仕事にしているF3社の取り扱い荷物は、自動車関係、飲料関係、郵便物の拠点間輸送、食品関係、その他に機械メーカーの完成品や部材輸送などである。同社は当面、現状のような事業展開で規模の拡大を図る方針で、保有車両数約50台、従業員数約60人の規模から、保有車両数100台を目指すという考えを持っている。

その目標を実現するため、①人員確保、②中距離輸送で拘束時間13時間以内を目指す、③運賃・料金の値上げで待遇改善を図る、という課題に取り組んでいく。

ここでは②の実現とも関連づけながら、③の取り組みを主にみることにする。

同社では、有休の取得はコストアップにはなるものの対応は可能だという。だが、60時間以上の残業に対する50%の割増賃金の支払いに対応するためには収入を増やさないと大変である。

有給の取得では、週休3日制や週休4日制など同社はすでに様ざまな働き方を従業員が選択できるようにしている。そのような中の1つに、柔軟性の高い働き方をしてくれている人の給料を高くする、という対応もしている。これは、いわばマルチドライバーと呼ばれるもので、レギュラーの仕事をしているドライバーの時間調整を担当するドライバーである。このようなドライバーの給料を高くして、全体としての労働時間短縮を図ろうという考えだ。

だが、いずれにしても原資が必要になる。そこで③の運賃・料金値上げの取り組みである。2017年11月に改正標準貨物自動車運送約款が施行されたが、それに伴い同社ではすぐに運賃・料金変更届出をした。そして2018年春から運賃値上げや諸料金・待機料などに対する交渉を本格的に始めたのである。

■値上げ交渉を継続的に推進、作業料や待機料などの請求基準を契約書に明記

具体的なF3社の取り組みはこうだ。

この間に付帯作業などが増えているので労働時間が長くなっている。どれだけ困っているかをデータなどで示して、定期の仕事をしている長い取引先8社には文書を持っていった。最近、取引が始まった荷主は最初からそのような条件で契約している。またスポットの取引先は、その都度、金額を示している。

そこで同社長期の定期契約先である8社とは1社ずつ順番に値上げ交渉を進めるようにした。1社と集中的に交渉して契約が改定できてから、次の1社と交渉するという進め方である。

なぜなら、交渉が決裂したら撤退する覚悟なので、もし結果的に取引を中止した場合には、その分の売上を回復するために早急に新規の荷主を開拓しなければならないからである。新規の荷主で売上をカバーできるようにしたら、次の荷主と交渉するというやり方だ。だが、幸い取材時点では取引を停止した長期契約の荷主はいなかった。

交渉の切り口は、まず、①サーチャージでスタート。これまではサーチャージを請求していなかったので、昨今の燃料価格高騰を背景に、新たにサーチャージを導入する交渉である。

次に、②改正標準貨物自動車運送約款に関連して諸作業料、荷役料、待機時間などを運賃とは別に請求できるようにするための交渉。そして、③過労防止関連違反に対する行政処分が強化されたことを説明し、労働時間短縮など過労防止とコスト増の説明である。

このような交渉の過程において、「一部の荷主に対しては、他の事業者から相見積りを取って比較してくれと言っている」。他社と比較しても負けないような見積りを出しているという自負があるからだ。

その結果、値上げ交渉を開始してから約半年後の取材時点では、長期に渡って定期契約してきた8社のうち6社と契約改定ができていた。残り2社のうち1社も契約改定の日づけと料金の基本的な内容について内示が出ていた。残りの1社については交渉中だった。

運賃とは別に荷役料（作業料）や待機料は30分を超えると請求

取材時点で契約改定できていた荷主6社に関してみると、サーチャージ請求だけを新たに了承した荷主が2社、値上げとサーチャージの両方を契約できた荷主が4社であった。

サーチャージだけを契約書に盛り込めた荷主の場合、燃料価格の基準日を決めてその価格を基準とし、以後は半年間の平均価格と基準価格の差額を、荷主が次の半年間支払う、という方式を採り入れた。サーチャージの金額は半年ごとの見直しということになる。

値上げとサーチャージを契約できた荷主とは、運賃とは別に荷役料（作業料）や待機料を契約書の中で明文化した。荷主は言葉としては作業料を理解していても現実としては理解できていない。下請法の関連もあるので作業料も契約書の中で明文化したのだという。

明文化した内容は、運賃とは別に荷役料（作業料）については、30分以内の荷役（作業）については請求しない。30分を超える分については30分単位で請求するというもの。また、待機時間についても30分までは請求しないが、30分を超えると請求するようにした。

ただ待機時間については荷主と事業者で解釈に違いが生じる場合も考えられる。たとえば指定時間よりも早く行って待っている時間をどうするか、といったケースなどである。そこで、指定時間からカウントすることにした。ドライバーが事務所に連絡し、F3社の営業担当者が荷主の担当者に「いまから待機時間に入る」と連絡する。またあまりにも長く待機しているよう

図表5　F3社による値上げ交渉成功までのプロセス

改善プロセス	具体的な内容	
1．自社の現状と改善点の見直し	・残業代を削減するために、マルチドライバーの給料を上げたい ・過労防止のためのコスト増をしたい	
↓ 2．改善案をあげる	・サーチャージの導入	・運賃以外の料金の請求
↓ 3．荷主へ説明・交渉内容を具体化	・燃料価格の基準日を決め、半年ごとに金額を見直すし、半年間の平均価格と基準価格の差額を荷主が次の半年間支払うように提案	・料金システムを決め、明文化し交渉 ・荷役料…30分以内は無料、それ以降30分毎に料金発生 ・待機時間…30分以内は無料、それ以降は30分毎に料金発生
↓ 4．荷主から要請があればその点を改善		・待機時間については、待機開始時間を荷主に連絡し、明確にカウントできるようにする

な場合には、なぜ待機しているのか、早く積込みできるようにしてもらいたいと営業担当者から連絡するようにした。

以上のようにF3社では、働き方改革の原資になる運賃・料金の値上げに取り組んでいる。人材の確保に力を入れなければならないからである。

また同社では、前述のとおり当面の目標として保有車両数100台を目指している。それは第1に、規模のメリットを活かすには一定の拡大が必要。第2に、これからは市場が縮小する中で業界が再編される。すると第3に、一定の規模がないと勝ち残っていけない、という認識があるからだ。

とりあえずの目標が100台というのは、100台あれば地元では一定の知名度ができる。人材を確保するにはブランディングが必要、という考え方である。

ブランディングにはホームページの工夫なども必要で、同社では求人も含めてWeb戦略に力を入れている。その成果もあって、人材確保とは別に新規取引のオファーでも、「最近はホームページを見て大手企業からアクセスがある」という。もちろん相手が大企業だからといって無条件で取引を始めるようなことはないが、知名度が少しずつ向上していることを確認できるバロメーターととらえている。

主体性のある値上げ交渉

ドライバー不足、厚生労働省や国土交通省もトラック運送事業者をバックアップ、その他、この運賃・料金値上げのチャンスを逃すと当分の間、このような好機は巡ってこないと認識している事業者は少なくない。そのような問題意識から運賃・料金値上げに取り組んでいる事業者を2018年1月から3月にかけて取材してみたら、以下のようなことが分かってきた。

1つは、荷主と交渉して運賃・料金値上げを実現しているような事業者は、改正標準貨物自動車運送約款の施行以前から交渉を進めてきたこと。また、これらの事業者は値上げ要請の理由として「ドライバー確保のための賃金アップや、労働時間短縮に伴うコストアップを前面に出して交渉」していることである。

2017年11月の改正標準貨物自動車運送約款の施行は、その交渉の流れを後押しする条件の1つではあるが、値上げ要請の理由にはしていない事業者が多かった。もちろん標準貨物自動車運送約款を前面に出して要請した契約改定も皆無ではないが、取材した事業者の多くからは「約款改正はツールあるいは有利な条件の1つではあっても、値上げ要請の決定的な理由にはならない」という反応だった。

つまり、値上げなど契約見直しに成功している（あるいは交渉を進めている）事業者は、改正標準貨物自動車運送約款の改正には関わりなく、経営を維持してサービスを継続的、安定的に提供するためには値上げせざるを得ない、という姿勢を前面にだしているのが特徴だ。これは経営責任や取引先に対する責任を果たすためには運賃・料金の値上げが不可欠というスタンスであり、「その方が相手も話し合いに応じてくれる」という。

また、このように運賃・料金の値上げを実現している（しつつある）事業者の多くは、この間、「不採算部門や採算の取れない取引先から撤退してきた」、という点も共通している。採算が合わなければ取引しないのは企業経営の基本だ。

もちろん標準貨物自動車運送約款の改正を機に作業料などの有料化を実現した中小事業者も

存在する。これらの事業者から話を聞くと、やはり「要請に応じてもらえなければ撤退しても良い、という覚悟で交渉に臨んでいる」ケースが多い。

■標準運送約款を契機にして、契約改正は事業者淘汰の可能性も孕む

一方、改正標準貨物自動車運送約款で運賃と諸料金が分離されても、あまり関係がないという事業者も少なくない。これは、けっしてムダだという意味ではなく、センター業務などをトータルで受託している事業者にとっては、すでに作業などの料金と輸配送の運賃は別々に収受しているからである。契約上は別ではなく一括契約している場合でも、コスト計算上では作業コストと運送コストを合わせて契約金額を決めている。したがって、トータルで受託している事業者にとっては、運賃規定と諸作業料の分離は直接的には関係ないことになる。

そこで純粋に運送業務だけを受託していながら、附帯作業などを無料で行っていた事業者が、約款改正に伴って交渉できているかどうかということになる。

これまではすべて「運賃」というくくりで曖昧だった諸作業料金、荷役料金、待機料金などを運賃とは区分して請求するようになると、従来の運賃に諸料金などがプラスされることになる。いうまでもなく荷主にとってはその分がコスト増だ。

そこで荷主は、諸料金や待機料の請求を認める協力会社もあれば、従来の契約通りで認めていない協力会社もあるなど、協力会社間で差別化をしてきていると証言する事業者もいた。

この事業者は、諸料金や残業代金、キャンセル料などが認められた事業者だが、荷主との間で他の協力会社に対しては秘密厳守の約束になっていた。さらに荷主は、これからは複数の取引先を1社に絞り込む可能性があると指摘する事業者もいた。

たとえば協力会社が10社あったとする。そのうちの1社だけが標準約款の改正などを切り口に、作業料や待機料を運賃とは別に請求したいと交渉したとする。その事業者はサービスレベルが高い。また、他の協力会社は約款改正に伴う契約見直しの要請をしてこない。そこで荷主は契約内容の見直しを要請してきた1社とだけ契約内容を変更した。その結果、サービスレベルの高い1社だけは運賃や作業量などが秘密で別契約になっている。

1社だけに認めた諸作業料や待機時間料の支払いが、他の協力会社9社に分からないうちは良い。しかし、10社すべてに対して諸料金や待機料を認めざるを得ないようになると第2段階に入る。

それだけ大幅なコストアップになるなら1番サービスレベルの高い1社に取引を絞り込んだ方が、荷主としては費用対効果が良いことになるからだ。そこで協力会社の絞り込みが始まる。

このようにして協力会社に対する差別化から、さらには取引事業者の選別にまで進む可能性があることが、取材を通して見えてきた。この「約款格差」は取材を始める前には全く想定できなかったことである。

2015年にドライバーの労働時間短縮のための交渉をしても受け入れてもらえなかったた

めに、その荷主から撤退したG3社がいる。

同社は、2t車から大型車まで約50台を保有している。そのうちの80%以上が冷蔵・冷凍車で、冷凍食品や食材の輸送がメインである。また、一般車両で建材なども輸送している。

このうち冷蔵・冷凍の2室式の4t車1台を契約している荷主があった。業務の概要は、荷物を引き取りに行き、途中の店に食材を納品しながら事業所に戻るような配送である。

この荷主に改善の要請をした。全部の工程で拘束時間は約12時間だったが、ドライバーの労働時間をもっと短縮したかった、というのが交渉の理由だ。

1つは、途中の納品先で冷蔵庫などに荷物を入れる作業をなくしてもらいたい、という要請である。店舗に人がいない時間帯ならともかく、人がいるのに冷蔵庫まで収納する作業を求められていた。その作業をなくせば、労働時間が短縮できる。

もう1つは、途中の高速道路利用を認めるようにという要請である。途中で高速道路を利用すればドライバーの労働時間を短縮できる。その場合、高速料金を自社で負担するならすぐにでも可能だが、それでは採算が悪くなる。高速利用を認めるかどうかというのは、つまり高速料金を支払うようにという要請である。

だが、どちらの要望も通らなかった。そこで同社はその荷主との契約を解消した。

一方、H3社は改正標準貨物自動車運送約款の施行に伴って運賃・料金などの届け出をした。そして作業などが伴う荷主に対しては、2017年の11月から作業料別途請求の交渉を進めてきた。

その結果、取材時点では20％の荷主と契約を改定できている。残りの荷主とは交渉を継続中だった。これら交渉を継続している荷主に対して、同社も交渉がダメなら撤退を考えている。

I3社は、以前からバラ積みの荷主にはパレットへの変更を要請してほとんどの荷主がパレット積みにしてくれていた。さらに1日の所定時間を超える場合にはドライバーの残業代を支払ってもらっていた。これは保有車両20台規模の中小事業者である。決して規模の大きな事業者のケースではない。

だが、依然としてバラ積みバラ降ろしの荷主がいる。そのうちの1社は、仕事は積み卸しの時間も含めて所定内に収まっており、残業代は発生していない。だが、標準約款の改正を機に運賃とは別に作業料を請求することになった。

その他にもバラ積みバラ降ろしの荷主が何社かあるが、作業料を別途請求することで交渉を進め、期限を切ってダメな荷主からは撤退した。

J3社は、ある荷主との交渉で窓口の担当者に時間をかけて約款改正などを説明した。時間をかけて話し合った結果、担当者は諸作業料金の新設など契約内容の変更を理解した。

だが、決定権を持つのは社内のもっと上の役職の人になる。そのため担当者から、上司に説明できるような資料などを作成してほしい、と言われ分かりやすい資料を作成して提出したという。

K3社はソフトの手直しをした。運賃だけではなく、各種作業料や荷役料、待機時間などの項目を新たに設けたのだ。

同社では、これまでも納品先での待機時間に関しては別途に待機料をもらっていた。だが、請求書などの名目上でも明確にした方が良いので、ソフトを改良したのである。

運賃・諸作業料金など項目別に検証

荷主と事業者が協議しながら「条件改善」を進めてきたケースがある。これはあくまで自主的な取り組みだ。

当該荷主はその業種においては国内トップの大企業で、事業者との直接の契約などは物流子会社が行なっている。一方、契約事業者のL3社は取材時点における保有車両数は約10台、従業員数が20人弱の規模であり、売上構成は当該荷主がほぼ100%という関係にある。

L3社の作業環境を簡単に説明すると、出荷量には曜日繁閑がある工場と、繁閑差のない工場があり、自社の保有車両数は荷主の複数の工場の出荷量のボトムに合わせている。この繁閑差は傭車でコントロールしており、傭車比率は約40%になっている。

従業員の中のドライバーの人数は保有車両数と同じで、他の従業員は荷主の工場やデポなどで物流に関連する作業に従事している。デポには荷主の外注先から中間製品が届く。作業従事者はそれを仕分けて再発送できるようにする。ドライバーがそれをアッセンブリする外注先に届ける、といった業務である。完成品に関してはデポで預かり、一部は店舗への配送なども行っている。

この荷主と取引が始まった当時は、荷主の工場が一定のエリアに5、6カ所あり、最盛期には20台弱の車両を出していた。しかし、この間に工場の集約化などが進められてきた。これからさらに古くからの工場の1つの閉鎖が予定されている。

このような荷主の工場閉鎖などに伴って、事業者側では車両の稼働効率なども従来とは違ってくるために、作業、配送など全体的な見直しが迫られてきた。閉鎖が予定されている工場は、先述した荷物量に繁閑差のない方の工場だ。その工場の配送を担当している車両が一時的に余剰になる（新工場ができて稼働するまでの間）。そこで繁閑差のある工場の方で傭車に委託している分を自車両に切り替えるという方法も考えられる。だが、稼働効率の低さなどから固定費で耐えられない。

そのためL3社では、荷主に対して要望書を提出した。同社では昔から車両の積載率などを記録したデータを残している。バブル経済当時からのデータを持っているのは、中小事業者としては稀有なケースだろう。だが、このようなデータは改善要請をする際に、大きな武器になる。改善点を具体的に話し合うための材料になるからだ。

■運賃・車両効率・付帯作業などの検討項目1つひとつを改善進捗管理表で確認

データによると、荷主の工場が数カ所あった当時は、たとえばA工場を出発したトラックがB工場に荷物を運び、荷物の全部あるいは一部を卸して、B工場から荷物を積んで（あるいは積合せて）、C工場やD工場に運ぶことができた。また、帰りも同様に、積載率の高い運行ができていた。このように積んで、卸して、積んで、卸してという運行が可能だった。しかも、各工場がほぼ一直線上にあった。その結果、バブル崩壊後でも1995年ごろの積載率は平均86％というデータが残っている。だが、工場閉鎖ならびに新工場建設までの間は積合せなどができなくなり、車両の稼働効率が低下し、積載率も下がってしまう。

このようなことからL3社は条件改善の要望書を出したのである。最終回答までの間、いろいろな項目について荷主（物流子会社）と検討を進めてきた。

L3社の条件改善要請に対して、取材先から提供された資料などに目を通す限りでは、荷主も誠意を持って対応しているように感じられる。

中間文書によると、L3社の改善要請に対して荷主（物流子会社）は、取引事業者数社（この荷主の仕事を請けている事業者は同事業者のほかにもある）を訪問して日ごろ困っていることなどについてヒアリングしたようだ。その中で出された項目について、親会社を含むグループと協力して少しでも改善に向けて努力する、としている。そして厳しい状況（荷主の市場状況など）を打開するために、事業者にも協力を呼び掛けている。

荷主は、協力会社各社を訪問してヒアリングした結果を以下のようにまとめている。まず、各工場にかかわらず共通する検討項目としては、①運賃（改善要望としてはいくつかの小項目に分類）、②車両効率（いくつかの項目に分類）、③付帯作業（いくつかの項目に分類）に分けて整理している。

さらに工場ごとの固有の条件に応じて、全部でいくつかの小項目を条件改善検討項目として整理し、小項目ごとに対策が記入してある。

たとえば、改善要望の「運賃体系の見直し」では、時間制を廃止して重量（t）×距離制の全面導入が要望されている。それに対する対策としては、「グループ各社で検討し、積載率向上や車両回転数の向上などで目標を一致させ、すべての委託事業者に適用可能な運賃体系を目指す」としている。

また、深夜や休日の割増料金では単価が最低賃金を下回っている（各社によって差がある）という要望に対して、「実態を調査して修正すべき点があれば修正する」としている。

現行運賃では、何t車では採算が合わないので単価改定してほしいという要望に対しては、「対策として何t車の適正台数を調査して、必要な車両には割増料金を荷主（グループ会社各社）と検討する」としている。

大口と積合せを前提とした単価では、「単価の見直し要望があるが、対策では前提条件がなくなれば荷主（親会社）と見直しを交渉する」と回答している。

なかには車両の購入価格と運賃の連動という要望もあったようだ。たとえば同じ大きさの車両でも、平ボディ車と他のボディの車両では車両価格が異なる。車種の違いによる車両購入価格の違いである。これに対する対策では、「事業者別の車種や仕様の一覧を作成して不公平があれば修正を検討する」としている。

その他にも、「値上げ分の負担先を責任部署と確認したりする」とか、逆に「事業者各社の企業努力も望む」などとなっている。

車両効率については、午前に仕事が集中して午後に車両が遊休するので困るという要望に対して、「取引先の午前指定の解除や、受け入れ時間延長などを荷主（親会社）から納品先に交渉してもらうようにし、また統合配車によって車両の稼働効率を向上する」などの対策を取るとしている。車両の回転数の向上に対しても同様である。

あるいは3時間の待機時間に対しては、「原因を究明して待機時間の発生要因を排除するように努める。それでも長時間の待機時間が発生するようなら、待機手当や最低保証料金制度などを検討する」としている。

その他にも、「閑散曜日などには紹介できる仕事があるか検討」、事業者間のテリトリー制のために空車があっても仕事がもらえない、といった要望には「固定化した事業者別テリトリーの見直し」や、「統合配車による車両の稼働効率の向上などを図る」ような対策を取る。

付帯作業面での改善要望では、ドライバーがフォークリフトで荷役作業をさせられている点について、「対策としては荷主（親会社）を通して納品先などに申し入れを行う」としている。また、納品先などにおける荷物の構内移動、ラップ巻きなどに対する有償化やドライバーの負荷軽減などの要望では、「付加状況を調査して過剰な負担に対しては手当の支給などを荷主（親会社）と検討する」としている。

その他、工場ごとの要望では、到着順ではなく積載可能な順に積込みをして効率化を図ってほしい、長距離と短距離を組み合わせて1日の拘束時間を13時間以内にしてほしい、早出・残業・休日出勤の割増料金、待機時間短縮や休憩施設の設置、ドライバーの労働時間管理がしやすい環境を一緒に考えてほしい、などの要望が事業者側から出されている。それら各項目に対して、それぞれ具体的に対策を示している。

■改善検討項目ごとの対策の進捗状況を一覧にして管理し双方で確認

入手した資料でここまでを見る限り、かなり誠意ある荷主（物流子会社）であるように感じる。だが、事業者側が抜本的な取引条件改善の要請をしたため、荷主が具体的に動き出したともいえる。

この事例の事業者と荷主の企業規模の差は前述の通りだが、他の企業であっても事業者自身がアクションを起こさない限り、改善は実現しないのは明らかだ。

さて、事業者の要望に対する荷主の中間的な対応について紹介してきたが、その後のさらなる進捗についても簡単に紹介しておこう。

資料の進捗管理表によると、改善策決定の最終的な期限までの大まかなタイムスケジュールがあり、これまでの進捗状況の要約が記入されている。まず、改善検討項目が記されていて、優先順位がつけられている。優先順の上位3つは、①割増料金の値上げ、②付帯作業の有償化・負荷軽減、③□□作業の有償化・負荷軽減であり、その他の改善検討項目にも優先順位がつけてある。

この上位3つの改善検討項目の進捗状況については、以下のようになっている。

①割増料金値上げ

●単価○○円／△△時間（分）→◎◎円／△時間（分）への値上げ（○月から実施）…当該割増料金が適用される事業者数は□社で、合計約＊＊＊円／月の支払い増→交渉完了。

●今後の課題…残業の確認とその理由については、運転日報にもとづく自己申告制→GPSでの確認に変更予定。

②付帯作業の有償化と負荷軽減

工場ごとに進捗状況が異なるが、たとえば以下のような進捗が見て取れる。

- ○○作業について◎◎円／1パレットを○月より支払うとし、交渉完了。
- 交渉→調査→価格提示→回答待ち（○月には実施完了予定）。

③□□作業の有償化・負荷軽減

- 支払い基準などの課題を解決→1方面につき◎円／1パレットの支払いとし、○月から支払いを開始→交渉完了。

その他の改善検討項目についても、完了、交渉で各社の要望を聴取、荷主側から提案、その他、と進捗状況が一覧で分かるように示されている。

一応の結論が期限までに出るように、荷主（物流子会社）と事業者間で検討が進められている。

以上で紹介した内容だけでも、荷主と事業者が協力して取引条件の改善を図り、同時にドライバーや作業員の労働条件の改善にむけた先進的な事例であることが分かると思う。これは荷主と事業者が自主的に話し合って進めてきた取り組みであり、このような協力がこれからの働き方改革には必要なのである。

■運賃・諸料金など約款改正を先取りし契約内容も「標準約款」より有利に

事業者と荷主はその後も検討を進めた。

●積込料…フォークによるパレット積込み＝1台○円、1パレット○円（○円は各事業者によって単価が違う・以下同）。手作業による積込み＝1台○円、1時間○円（かかった時間で算出）。○○積込作業＝1台○円、1時間○円。

●荷卸料…積込料に同じ。

●待機料…出荷積込場所都合＝30分まで無料、その後10分○円。納入先都合＝1時間まで無料、その後15分単位○円（時間はドライバー申告、ドラレコ記録で確認）。

●付帯作業料

- △△作業＝通知1枚分○円、1梱包○円、対価支払いより荷主内製化優先。
- 横持ち・縦持ち＝場内（庫内）搬送はドライバーにさせる作業ではない。対価支払いより荷主内製化優先。
- ラップ巻き作業＝ラップ巻き作業は荷主側作業、ただし輸送のための巻き足しはドライバー作業。だが、時間契約車でも輸送以外の作業は支払い対象になり、1パレット○円（ラップは荷主支給でカラ芯と交換で新しいラップを支給）。
- 納品先での複数箇所納品＝すでに支払われている場合は件数増しの単価表。納入1カ所として対価が支払われていない場合には個別の状況で納品先、委託先と交渉。

●パレット積替え＝荷卸料に加えて、1台○円、1パレット○円。
●その他＝個別案件ごとに納品先、委託先と交渉。

以上は諸料金についての合意内容の一部だが、ここからも現場の状況に応じたかなり具体的な料金設定などが行われていることが分かる。なお、具体的な単価については協力会社によって各社とも金額が違うという。

ちなみに待機時間料などの原価となるドライバーの賃金については、「全ト協の経営分析資料」に基づいているので、同事業者が所在している地元のトラック・ドライバーの平均賃金の1・25倍で計算している。実際にL3社のドライバーの賃金は、業界水準からみても高い。その原資は実車率を重視したオペレーションだ。

同社のケースでは、荷主と合意した契約書の内容の方が標準約款よりも良い（事業者に有利）部分もある。一例を挙げれば、標準約款では中止手数料（第三十七条2項二）が「使用予定車両が普通車である場合は一両につき三千五百円」となっている。また小型車は2500円となっている。だが、L3社は以前から普通車2万円で契約していた。また、新契約書でも2万円を従来通りに踏襲している。その他も、標準約款より良い契約内容になっている。

■過去にも5年がかりで待機時間2時間48分を54分まで短縮

L3社は過去にも取引条件の改善などに取り組んできた。

たとえば、ある積込み場所での積込みには平均2時間48分かかっていたが、5年がかりで、構内に入ってから積込終了までの平均時間を54分まで短縮したという。

このように取引条件の改善が実現できたのには、大きな理由が2つある。1つは、具体的なデータ的裏づけを持っていたことだ。

たとえば、筆者の手元にはパソコンからプリントアウトしてもらった、ある出荷場所における過去のデータがある。資料名は「○○積込み待ち時間」で、横軸が「到着時間」、縦軸が「積込完了時間」となっていて、何時に到着した車両が積込み完了まで何時間かかったかがひと目で分かるグラフになっている。そのうち、たとえば2004年○月○日では合計待ち時間が276時間、平均待ち時間が2時間20分となっている。同じく○月△日では合計待ち時間が232時間、平均待ち時間が1時間53分である。

同社では、このようなデータを示して解決策を話し合う。たとえば、「到着時間によって積込み完了までの時間に大きな差が見られるが、配車担当者がいて到着時間などの調整をすれば待機時間の平準化は可能だ」。また、積込作業時間の短縮では、「ドライバーが仕分けしながら積込んでいたものを、出荷側で先に仕分けておけばドライバーの積込作業時間を短縮できる」といった話し合いである。

同社にはこのように各種のデータが蓄積されている。たとえば、平均積載率もバブル経済の当時からバブル崩壊後にどのように変化したかなども分かる（平均積載率の変化では荷主の拠点の再編集約などの要素が大きいが）。

もう1つの理由は、経営者の姿勢と行動である。

この事業者はドライバーの残業代では、過去に荷主企業の工場長に強く要請したこともあった。荷主側ではかなり強い抵抗があったようだが、最終的には工場長がこちらの提案を飲んで協力してくれたという。

よくそれだけの姿勢が貫けると感心するが、同社長は「運行管理など日常業務は担当者に任せられる。特定荷主への依存度が高ければ高いほど、取引条件の改善に努めるのが経営者としての1番の仕事」と考えているからだ。もちろん荷主担当者によって受け止め方に差はあるが、それでも「こちらの本気度は必ず伝わる」という。

もっともこの事例は良い意味で極端なケースかも知れない。だが、中小事業者でもデータなどの確かな裏づけをもって改善要望すれば、全体的には荷主も前向きに対応するようになってきた。

働き方改革を実現するには原資の確保が不可欠である。それには事業者側の姿勢が重要だ。

むすびに

はじめにでも書いたように、2019年はトラック運送業界にとって「働き方改革元年」でもある。だが、これを少し違った観点からみると、日本の経済社会全体が過去の「競争基準」からの転換を迫られており、トラック運送業界もそのような流れの中にある、ととらえることができる。運輸業には限らないが、これまでの「常識」が通用しなくなってきたのである。

たとえば小売業や飲食業、サービス業などでも営業時間の短縮や、正月には休業するといったところがでてきた。これは、ずっと昔の姿に戻りつつあるといえる（昔のことを知らない世代が増えてきているが）。

今から40年ぐらい前までは、「初売り」は御用始めの1月4日が多かった。早く「初売り」をする小売店でも1月2日からで、元旦はほとんどが休みだった。40年前にはすでにコンビニはあったが、まだ小売市場における影響力は今よりずっと弱かった。

飲食店でも元旦に暖簾を下げていたのは寿司屋ぐらいなもので、ほとんどの飲食店は休んでいた。

物流も「初荷」は1月2日が多かった。筆者がまだ小学校に入る以前の1950年代中ごろ、

1月2日には祖父の仕事の関係で一緒に倉庫に連れて行ってもらい、「初荷」と書いた旗やのぼりを立てて荷物を運んでくる黄色いトラックを楽しみに待っていた。運転手さんから「初荷」の旗をもらうのが嬉しかったからだ。

ついでながら、戦後間もないころはトラックの運転手さんは簡単にはなれない職業だったようだ。ちなみに、ずっと後になるが、ある原稿を書く必要から戦後まもなくの時期に発行されたある地方の地元紙を、数日間にわたり図書館に通って調べたことがあった。すると、自動車の運転免許試験の合格者は○○村の誰々といったように、1人ひとりの姓名が載っていたので、調査の目的とは違ったが印象に残っている。

それはともかく、その後の高度経済成長は企業間競争を激化し、それ行けドンドンと長時間労働が当たり前になってきた。とくにバブル経済下では「24時間戦えますか」というコマーシャルのキャッチフレーズが流行語にすらなったこともある。このように当時も長時間労働だった。

だが、同じ長時間労働でも様相が一変したのはバブル崩壊後だ。同じ年中無休の競争でも、経済が拡大していた当時は成長を競い合う競争だったが、バブル崩壊後は競争に負けないためのサバイバル競争へと性格が変わってきたのである。つまり勝つための競争から、負けないための競争（その結果として勝ち残る）への転換である。

このように、いつの時代も競争はあったが、バブル崩壊後の競争では生き残るために営業時間を延長したり、年中無休といった営業形態が敷衍してきた。だが、これらは労働力が足らなくなれば、比較的簡単に補塡できるという前提で可能だったのである。とくに労働集約型産業においてはそうだ。

ところが、その前提である労働力の補充が難しくなってきた。トラック運送業界の関係者のみならず、荷主サイドや一般の人たちも含めて、そのことに気づくきっかけになったのは、2017年のヤマト運輸の取扱荷物の数量抑制とサービス内容の見直しだったのではないだろうか。

これは、過去の成功体験が通用しない時代に入ってきたことを象徴している出来事といってもよい。同時に、これまでの企業間競争の「競争基準」を大きく転換しなければならないことも意味している。

だが、そんなに驚くことはない。これまでを「正常」ととらえると、これからは「異常」となるが、その反対に、これまでは「異常」が常態化していただけで、それを「正常」な状態に戻す動きが始まったと認識すれば良いのである。

筆者はこの間、「宅配便に限らず日本の物流はオーバースペックになっている。この常態化していた異常を正常な状態に戻そうとしているに過ぎないのだから、大騒ぎする必要はない。むしろ、物流に限らずコンビニエンスストアやその他、現在、自分たちが当たり前のように享受しているサービスや利便性が、本当に必要なものか、あるいは過剰かなど、少子高齢化など日本社会の構造的変化が進む中で、今後のあるべき姿を考えるきっかけにすべき」と書いたり話したりしてきた。

そのような認識から見ていくと、物流業界でも年末年始の荷物の取扱いに条件を設定したり、正月三が日は休業する事業者が出てくるのは自然の流れといえる。また、一部の事業者のこのような動きに対して、従来であればライバル事業者はチャンスだから荷物を取ってこい、とハッパをかけたはずだ。しかし、これまでのような行動パターンはできにくくなっている。

この間、ドライバーの労働条件改善の必要性を良識のある荷主は認識するようになってきたこと。それにより、抜け駆けするような事業者への荷主の見方、引いては社会的評価が変わってきたからである。さらにそれ以上に、そのような事業者には長い目で見ると人が来なくなってしまうだろう。つまり競争優位性を損なうことになる。反対に正月三が日は休業にするような事業者の方が競争力を増す。

このように「競争基準」が変わってきた。競争基準を転換する必要性が認識されてきたのである。それを具現化するものの1つが働き方改革といえる。

だが、業界の多くの事業者の現状からすると働き方改革の実現は決して低いハードルではない。それでも企業の存続に関わる、避けては通れない重要課題である。

そこで発想の転換が必要になる。「企業本来のあり方」を追求する取り組みと認識すれば、企業経営者としては当然のことになり、多少は肩の力を抜くことができるのではないか。企業本来のあり方とは、株主や経営者が潤うだけでなく、従業員とその家族の幸せに資するということである。つまり、働き方改革の実現とは、企業本来のあり方の追求に他ならず、企業目的の原点回帰なのである。

本書は『M Report』2015年1月号から2019年5月号に掲載したリポートをベースにし、掲載した記事の中から働き方改革という切り口で取捨選択して、多少の加筆修正をしてまとめたものである。数字などは基本的に当時のままとした。

取材にご協力いただいた方々はもとより、本書に収録しなかった取材先も含めて、お世話になった皆様には改めてお礼を申し上げます。また本書の編集に当っては白桃書房編集部の大矢玲子さんにご努力いただき、お礼申し上げます。

なお、これからも取材の旅を続けますので、引き続きご協力をお願いします。

2019年9月

過重な長時間労働によってやっと脱稿というアイロニー　著者

付録　働き方改革実現への一般的な手順

ここに示したのは、あくまで働き方改革を進めるための基本的な流れである。すべての事業者がこのパターンに完璧にあてはまるものではないが、自社の改革を進めるための参考にして欲しい。

自社の現状把握　自社の労働時間や労働環境についてデータ分析や社員にヒアリングするなどして自社の現状を把握

↓

現状分析　例えば、労働時間の内訳ごとに必要な時間と無駄な時間を分析して原因と課題を抽出

↓

課題ごとに改善策をまとめる　「自社で改善が可能か」、「荷主との共同の取り組みが必要か」を検討し、改善できない部分は原価に参入する

↓

要望書を作成し取引先に提出　なぜ改善が必要なのか、自社の現状と要望が取引先に具体的に伝わるように文書化して提出

↓

取引先と交渉　荷主と共同の取り組みが必要な部分の改善への協議（運賃・料金の交渉を含む）。交渉の過程では機械的にならずに次善の策を出すなど、作業改善と運賃・料金の妥協案も提示

↓

契約継続合意か取引撤退か判断　満額回答ではなくても妥協できる範囲での改善や運賃・料金の改善が実現できるかどうかで判断

↓

契約継続の場合は契約書や合意事項等を文書化

付録①　自社の現状分析表

		自社で改善は可能か？	荷主との共同の取り組みが必要か?	原価算入と運賃・料金
現場条件	点呼等の時間	○		○
	ハンドル時間	○	○	○
	付帯作業時間	○	○	○
	荷役作業時間	○	○	○
	休憩・休息時間			○
	待機時間		○	○
社内条件	休暇取得推進	○		○
	勤務ローテーション	○		○

付録② 改善点と交渉までの手順整理表

	改善プロセス	具体的な内容	
改善点例※	1．自社の現状把握と改善点	・残業時間を削減するために、マルチドライバー制度を採用 ・過労防止のためのコスト増	
	2．改善案をあげる	・サーチャージの導入	・運賃以外の料金の請求
	3．荷主への説明・交渉内容を具体化	・燃料価格の基準日を決め、半年ごとに金額を見直し、半年間の平均価格と基準価格の差額を荷主が次の半年間支払うように提案	・料金システムを決め、明文化し交渉 ・荷役料…30分以内は無料、それ以降30分毎に料金発生 ・待機時間…30分以内は無料、それ以降は料金発生
	4．荷主からの要請があればその点を改善		・待機時間については、待機開始時間を荷主に連絡し、明確にカウントできるようにする
自社の改善点Ⅰ	1．自社の現状把握と改善点		
	2．改善案をあげる		
	3．荷主への説明・交渉内容を具体化		
	4．荷主からの要請があればその点を改善		
自社の改善点Ⅱ	1．自社の現状把握と改善点		
	2．改善案をあげる		
	3．荷主への説明・交渉内容を具体化		
	4．荷主からの要請があればその点を改善		

※第３部にて紹介したF3社の事例を記入例としている。
参考に自社の交渉計画を考えて欲しい。

初出一覧

物流ジャーナリスト倶楽部発行『M Report』
２０１５年（1月号）
２０１６年（3月号・7月号・9月号・11月号）
２０１７年（1月号・2月号・3月号・4月号・6月号・8月号・9月号・11月号・12月号）
２０１８年（1月号・2月号・3月号・4月号・5月号・8月号・11月号・12月号）
２０１９年（1月号・4月号・5月号）

参考文献および資料

森田富士夫『トラック運送企業の生産性向上入門』（白桃書房・２０１７年1月）
国土交通省「荷主と運送事業者の協力による取引環境と長時間労働の改善に向けたガイドライン」
「トラック輸送サービスを持続的に提供可能とするためのガイドライン」
「平成28年度　貨物自動車運送事業における中継輸送実証実験モデル事業報告書」
「トラック運送事業者のための価格交渉ノウハウ・ハンドブック」
その他、国交省の各種資料
厚生労働省「働き方改革支援ハンドブック」
その他、厚労省の関連資料
経済産業省　健康経営優良法人などに関する資料
全日本トラック協会「トラック運送業界の働き方改革実現に向けたアクションプラン」
その他、全ト協発行の各種資料

■著者紹介

森田富士夫（もりた・ふじお）

1949年	茨城県常総市生まれ 物流ジャーナリスト　日本物流学会会員 会員制情報誌『M Report』を毎月発行
主な著書	『物流企業「勝ち組」へのキーワード』　プロスパー企画　2002年 『メール便戦争～１兆円市場をめぐる攻防～』　プロスパー企画　2003年 『トラック運送企業のマネジメント―経営戦略に関わる実証的研究―』白桃書房　2005年 『トラック運送企業のイノベーション―新サービス創造に関する実証研究―』　白桃書房　2009年 『ネット通販と当日配送―BtoC-ECが日本の物流を変える―』　白桃書房　2014年 『トラック運送企業の生産性向上入門―誰にでもできる高付加価値経営の実現―』　白桃書房　2017年 『「送料有料」です！―人口減少社会でも持続可能な物流サービスのあり方―』白桃書房　2023年
共　著	『新物流実務事典』（第２部16章消費者物流の執筆を担当）　産業調査会　2005年
外国語版	中国語版『物流企業「勝ち組」へのキーワード』　許京＆孫庚翻訳　電子工業出版　2005年 韓国語版『トラック運送企業のマネジメント』　趙哲彙監修・訳　韓国物流新聞社　2008年
連　載	全日本トラック協会発行『広報とらっく』に「運送事業者のための経営のヒント」 その他、多数 テレビ、ラジオなどにも物流ジャーナリストの立場からコメンテーターとして出演

■トラック運送《うんそう》企業《きぎょう》の働《はたら》き方改革《かたかいかく》
―人材《じんざい》と原資確保《げんしかくほ》へのヒント―

■発行日――2019年10月６日　初版発行　〈検印省略〉
2023年５月26日　初版２刷発行

■著　者――森田富士夫《もりたふじお》

■発行者――大矢栄一郎

■発行所――株式会社　白桃書房《はくとうしょぼう》
〒101-0021　東京都千代田区外神田 5-1-15
☎ 03-3836-4781　FAX 03-3836-9370　振替 00100-4-20192
http://www.hakutou.co.jp/

■印刷・製本――三和印刷株式会社

ISBN 978-4-561-74221-0　C0063